STUDIES IN THE ROMANCE LANGUAGES
AND LITERATURE

UNIVERSITY OF NORTH CAROLINA
STUDIES IN THE ROMANCE LANGUAGES
AND LITERATURE

PIERRE LE LOYER'S VERSION OF THE ARS AMATORIA

Edited by
W. L. WILEY

CHAPEL HILL

Copyright 1941
By University of North Carolina
Chapel Hill, N. C.

TABLE OF CONTENTS

TEXT 3

CONCLUSION 51

NOTES 58

LE BOCAGE DE L'ART D'AIMER

by
W. L. WILEY

LE BOCAGE DE L'ART D'AIMER

Pierre Le Loyer's version of the *Ars Amatoria* of Ovid is a piece of work that does not deserve the oblivion that seems to have been its lot. Le Loyer's poem is entitled *Bocage de l'Art d'Aimer* but, aside from the implication of this title, there is no further acknowledgement of Ovid as a source—another example of the practice, so prevalent during the Renaissance, of studied and unconfessed borrowing from the classics. However, Le Loyer has not attempted to make a formal translation of the *Ars Amatoria;* he has made a considerable condensation of the Latin material (the *Bocage* is less than half as long as the *Ars*), and, in addition, has added certain ideas of his own. The result is a composition much more Ovidian than any line-for-line rendition could possibly have been.

The *Bocage de l'Art d'Aimer* consists of but two books instead of three that make up the *Ars Amatoria*. Le Loyer has omitted the advice to women with which Ovid fills the third book of his manual for lovers. It should be noted, also, that the Frenchman has not been systematic in his borrowings from the *Ars Amatoria;* portions of the first book of the *Bocage de l'Art d'Aimer*, for example, are based upon passages from the second book of the *Ars*—but this makes little difference, since the Ovidian poem is made up of a series of easily detachable precepts.

The text of the *Bocage de l'Art d'Aimer*, based upon the earliest edition* of the poem, is as follows—and the two opening quatrains have their counterparts in the *Ars Amatoria*.

---

* The *Bocage de l'Art d'Aimer* first appeared in 1576 in a collection of poems entitled *Erotopegnie, ou Passe-temps d'Amour. Ensemble une comédie du muet insensé.* Par Pierre Le Loyer, ... Paris, A. L'Angelier,

1576. It appeared also, with some slight changes, in *Les Oeuvres et meslanges poetiques* de Pierre Le Loyer...*Ensemble la Comedie Néphélococugie*...Paris, J. Poupy, 1579. These two volumes were the youthful productions of their author who was born in a small village in Anjou in 1550—Moréri gives the date as 1540 but he is supported in this by no other biographer. Le Loyer soon abandoned lyric and dramatic poetry for what he considered more serious stuff. In 1586 his *Livres des spectres ou apparitions et démons se monstrans sensiblement aux hommes*, a volume of about one thousand pages, was published in Angers. Its popularity is attested by the fact that three later editions were brought out in Paris, one in 1605 and two in 1608. In 1620, Le Loyer's *Edom, ou les colonies iduméanes* came off the press of N. Buon at Paris. It is a weird treatise on the migrations of ancient peoples and contains many fantastic etymologies of place names. Le Loyer died in 1634. He was a man of enormous though poorly digested learning. Moréri says, as does Bayle, that Le Loyer was "un des plus savants hommes de son siécle, et tout ensemble un des plus visionaires que l'on vit jamais". Bayle speaks of Le Loyer's verses as being vivacious and clever, but considers their author a good example of a man who studied to much. "Il gâta par ses études (says Bayle) le bon fond d'esprit que la nature lui avait donné: si le Grec luï ébranla le cerveau, L'Hébreu acheva de le perdre".

There have been no modern editions of the works of Pierre Le Loyer, with the exception of a very limited edition (one hundred copies) of *La Néphélococugie* in 1869. It contains a brief biographical and bibliographical introduction by Brunet.

PREMIER BOCAGE DE L'ART D'AIMER

Stanzes.

I
Quiconque soit des Frãçois qui ignore
    Quel est d'aimer & l'art & le sçavoir,
    Lise mes vers, & face son devoir
    D'effectuer ce qu'il lira encore.

II
Par Art le Nef parmy les flots se glisse,
    Et d'avirons la barque on sçait tourner,
    Par art on doit les charettes mener,
    Par art il faut que l'Amour se regisse. [1]

III
Or ce bel art, bien qu'il soit difficile,
    Aspre & fascheux en ses premiers progrés,
    S'il est suivi on esprouve en aprés
    Qu'il est plus doux, plus ioyeux & facile. [2]

IIII
L'Amour commence en l'eslite des belles,
    Apres le chois survient le deviser:
    Puis la priere, et le simple baiser,
    Et la merci que lon desire d'elles. [3]

V
Et pour choisir les belles à ta guise,
    Il faut hanter la Court ou elles sont,
    Et les festins & les bals qui se font,
    Et les beaux lieux, et la plus grande Eglise. [4]

VI
Sois bien vestu, & sur tout pren toy garde,
    D'estre bien net, bien propre & bien gentil,
    Plus qu'un esprit admirable & subtil:
    Ce qui se voit une femme regarde.

VII

Ce grande Socrate, ornement de la Grece,
    Fut-il iamais des femmes estimé?
    Et toutefois il tenoit enfermé
    Dans son esprit le thresor de sagesse. [5]

VIII

Sçaches danser, car la danse façonne,
    Et le marcher & les gestes du corps,
    Et si nous rend plus droicts & plus accorts,
    Et aux bons lieux une entree nous donne.

IX

Et si tu peux apprens la poésie,
    Et le beau ton de mille chants divers:
    Ne vois-tu pas la musique & les vers
    Ployer les sens, l'ame & la fantaisie?

X

Appren encor' à sonner de la Lyre,
    Du Violon, & du Lut Cynthien,
    Du Lut trouvé par le Cylenien:
    C'est ce que plus une pucelle admire.

XI

Estre à cheval & luy donner carriere,
    Virevolter en maint estourbillon,
    Darder la barre & pousser le ballon,
    Cela sert bien d'une amorce premiere. [6]

XII

En tes devis n'affectes ton langage,
    Et tes propos plusieurs fois ne redis
    Prens moy les mots plus propres d'Amadis,
    Ne cries point comme une Pie en cage.

XIII

Mesle souvent du sel en tes paroles,
    N'hesites point, ne dis rien pour neant,
    Ne sois point long, cela n'est point seant
Qu'à ces pedans qui tonnent aux escholes.

XIIII

Quand tu diras quelques beaux mots de gueule,
    Donne leur grace avec un doux soub-ris:
    Car en parlant de s'esclatter en ris,
La femme en rit quand elle est toute seule.

XV

Mais d'estre aussi en tes propos severe,
    Peser ton dire & estre resolu,
    Cela te rend haï & mal voulu,
Et si te donne un nom de vitupere.

XVI

Va entre-deux & ne sois trop farouche,
    Ny trop ioyeux si tu veux parler bien,
    "Car la Vertu consiste en son moyen:
"Au trop & peu tousiours le vice touche.

XVII

Si une fois tu acquiers ceste estime,
    Qu'en tes discours tu coulles doucement,
    Tu es heureux & poursuis seulement,
Tu attaindras de tes souhaits la cyme. [7]

XVIII

Lors que tu veux tes Amours entreprendre,
    Ne fondes point (& m'en crois) ton appuy
    Dessus la veufve & la femme d'autruy,
Ainçois plutost sur la pucelle tendre.

XIX

Desia la veufve est fetarde & immonde,
 Et ne veut plus en l'Amour se ranger,
 L'espouse n'est aimee sans danger,
 Mais la pucelle est un heur en ce monde.

XX

Car la pucelle enflamme le courage,
 Pour deux respects, l'un est de sa beauté,
 L'autre plus fort est de la volonté
 Que nous avons dessus son pucelage.

XXI

L'œillet vermeil est au sein de la fille,
 Quand il flaistrist on le iette au fumier,
 La rose est plus prisee en son vergier,
 Que quand la main & l'arrache & la pille. [8]

XXII

Ie ne veux pas toutefois te distraire,
 De ne choisir la femme qui t'a pleu,
 La femme autant que la fille a un feu
 Dont elle sçait ses Amoureux attraire.

XXIII

Pourquoy peint-on l'Amour voilé en face,
 Que pour monstrer qu'il n'a aucun respect,
 De quel desir, de quel nouveau obiect,
 Et de quel feu consumer il nous face?

XXIIII

Soit femme ou non, s'elle t'agree au reste,
 Ne luy sois point du premier ennuyeux:
 Fay luy sans plus, apparoistre à ses yeux
 Que tu es pris de sa beauté celeste. [9]

XXV
Dedans le bal assiés toy aupres d'elle,
    Entretiens-la & l'appuye des bras:
    Et si tu vois qu'elle est sise bien bas,
Fay luy servir tes genoux d'escabelle. [10]

XXVI
Dessus sa robe oste luy la poussiere,
    Ou fay semblant de l'oster pour le moins:
    Balle avec-elle & luy serre les mains,
Monstrant l'effort de sa grace meurtriere. [11]

XXVII
Quand elle sort du bal sur la nuict tarde,
    Conduis-la moy où elle veut aller,
    Dessous l'aisselle, & d'un humble parler,
Et t'enclinant prie que Dieu la garde.

XXVIII
De la servir sois prompt, hardy & viste,
    Mesme voyant qu'elle entre en un Moustier,
    Si tu cognois qu'il en soit de mestier,
Approche toy l'aspergeant d'eau beneiste.

XXIX
Il faut souvent faire tes promenades
    Pres du logis où tu penses la voir,
    Et quelquefois tu dois venir au soir
La resveiller de tes douces aubades.

XXX
Si elle fait ietter dessus ta teste
    De l'eau puante ou un pot à pisser,
    Tu ne dois pas pour tout cela cesser:
Car qui s'en fasche une haine il s'appreste.

XXXI
S'elle se monstre à toy en la fenestre,
　　Comme un torrent qui est en eaux fecond,
　　En tes propos sois fertile & facond,
　　Et ne te fais pour un sot reconnestre.

XXXII
Et cognoissant qu'elle aura ton office
　　Pour agreable, & que tu obtiendras
　　A la parfin tout ce que tu voudras,
　　Tu luy feras offre de ton service.

XXXIII
Tu luy diras qu'au fond de ta moüelle
　　Pour son amour tu souffres mille morts,
　　Qu'elle t'allege & qu'autrement ton corps
　　Sera deffait par la Parque cruelle. 12

XXXIIII
Lors tire moy quelques pleurs par contrainte:
　　Si tu ne peux, retiens bien mon conseil,
　　Mouille tes doigts et en frottes ton oeil,
　　Elle croira que tu pleures sans feinte.

XXXV
I'ay veu souvent que ceux qui n'avoyent guere
　　D'humeur aux yeux, tout leur mouchoir frottoyent
　　Du suc d'oignons, & des larmes iettoyent,
　　Qui decouloyent le long de leur paupiere. 13

XXXVI
S'elle respond à *ton humble requeste
　　D'un long parler trop doux et trop hautain,
　　Asseure toy de l'avoir en ta main,
　　Et qu'elle est ja reduite en ta conqueste.

*ron, in 1576 edition

XXXVII
Quand elle dit: Iamais entre vous hommes
    N'oublirez-vous d'attirer de vos pleurs,
    Et d'ebranler de vos feintes douleurs
    Le simple coeur des femmes que nous sommes.

XXXVIII
Vos passions ne sont rien qu'une baye,
    Et vostre amour volage & aveuglé
    N'est qu'un desir infame & dereiglé
    Qui de nous prendre & seduire s'essaye.

XXXIX
Puis vous plaignez que c'est nostre visage,
    Nostre maintien, & nos gentils attraits,
    Qui vous ont mis finement en nos rets,
    Pour vous ranger sous nostre dur servage.

XL
Que nuict & iour vous estes en souffrance,
    Et que le feu qui vous brusle les os
    Ne vous donroit un moment de repos,
    N'estoit qu'en nous vous avez esperance.

XLI
Mais ie ne voy ma grace estre si grande
    Qu'elle ait pouvoir de vous faire endurer:
    Et tant y a que ie veux demeurer
    Sans vous ouir, comme Dieu me commande. [14]

XLII
Replique luy que fidele est ton ame,
    Que pour mourir tu ne voudrois loger
    Dedans ton corps un esprit mensonger,
    Que tu ne veux autre qu'elle pour Dame.

XLIII

Tu dois iurer pour mieux te faire croire,
    Protestant Dieu, comme le Courtisan,
    Qui de mentir & de feindre artisan
    Par le iurer emporte la victoire.

XLIIII

Les iuremens que tout amoureux iure
    S'en vont au vent & au courant de l'eau:
    Et Iupiter n'escrit dedans sa peau
    Celuy qui est à sa Dame pariure. [15]

XLV

Et pource Amour, dit Menandre, est le maistre
    Des plus grands Dieux, à cause que l'amant
    N'a point de peur de iurer faulsement
    Par ceux qu'il sçait au ciel moindres paroistre. [16]

XLVI

Apres avoir remonstré ta souffrance,
    Si tu la vois ne t'esconduire en rien,
    Pren vivement le temps & le moyen.
    "L'Amour se perd sans la perseverance. *

                                     * a *comma* here in 1576 ed.

XLVII

Ne vois-tu pas qu'une torche assopie
    Esmeue iette une flamme de feu?
    Mais qu'au rebours sans force peu à peu
    Elle s'estaint demeurant accroupie?

XLVIII

Asseure toy que quand tu la vois douce,
    Marque certain qu'elle aime autant que toy,
    Si son ardeur tu laisses à requoy
    Elle te hait, & tousiours te repousse.

XLIX
Quand elle dit d'une fiere parolle,
   Que ce n'est pas à elle qu'il te fault
   Dresser l'amour, & qu'elle ne s'en chault
Ny de ton feu, ny de ton amour folle.

L
Que si tu veux ce propos mal honneste
   Continuer, pensant la divertir,
   Elle en fera telles gens advertir
Qui essayront de te rompre la teste.

LI
Lors respons luy, que ton cœur s'esvertue
   De te tirer de l'amour, mais en vain:
   Que si tu meurs, tu veux bien que sa main
Soit celle-là, non autre qui te tue.

LII
Qu'elle ait pitié de ta chetive vie,
   Qu'elle contemple & toy & ton amour,
   Que tu ne peux vivre sans elle un jour,
Et quelle soit plus gratieuse amie.

LIII
Que ton audace & ta langue elle excuse,
   Et que l'amour celer ne se pourroit,
   Et s'il y a du crime en ton endroit,
Que ses beautez plustost elle en accuse.

LIIII
Si par menace encore elle procede,
   En t' appellant fascheux & importun,
   Ne sois comblé de desespoir aucun
Que ton amour à tes voeux ne succede.

LV

La femme usant à l'amant de rudesse
    Voudroit desia qu'il eust d'elle iouy:
    Mais par honneur n'osant luy dire ouy,
D'une menace ell' couvre sa liesse. [17]

LVI

Mets une peine extreme & diligente
    De retenir à ta devotion,
    Pour servir d'ancre à ton affection,
Celle qui est sa privee servante.

LVII

Il te la faut rendre seure & intime,
    En iouissant, si tu peux, de son corps.
    Car de te plaire ell' mettra ses efforts,
Craignant qu'en fin tu deceles son crime.

LVIII

Elle usera de ses tours de finesse
    Pour attirer ta fiere à ta raison,
    Elle donra entree en la maison,
Où tu pourras accoster sa maistresse.

LIX

Et si ta Dame est d'autruy l'espousee,
    Elle espîra quand contre son mari
    Elle ha le cœur & ialoux & marri,
En son amour se voyant mesprisee.

LX

Lors elle ira luy proposant l'offense
    De son mari, & sa desloyauté,
    Et parlera de ton honnesteté,
De tes amours, & de ta grand' souffrance. [18]

LXI

Hé que ne peult la folle ialousie!
    Par ce moyen tu pourrois triompher
    D'une plus dure ou que marbre ou que fer,
Qui est un coup de ceste humeur saisie.

LXII

L'eau n'est point tant en ses debords estrange,
    Le feu n'est point si fier ny violent,
    Comme la femme à son esprit dolent
Quand son mari pour une autre la change.

LXIII

Ne cognoist-on de Medee la rage,
    Qui s'acharna sur ses propres enfans,
    Voyant Creüse & Creon triomphant
De celuy-là qui l'eut en mariage?

LXIIII

En ce pendant que le plus vieil Atride*
    Aima sa femme, ell' vescut sainctement:
    Mais le sçachant plein de desbordement,
Elle lacha aux appetits la bride.

                                              * Agamemnon

LXV

Ne crevoit elle en oyant comme Chryse*
    Avoit esté de ce Roy reietté?
    Lors qu'il s'estoit devant luy presenté
Voulant par dons r'avoir sa fille prise?

                             * priest of Apollo; his daughter
                                    was Agmemnon's captive

LXVI

Ainsi ialouse, & despitee, & triste,
   Il ne faut pas beaucoup s'esmerveiller
   S'elle voulut sa chasteté souiller,
S'abandonnant à son paillard Egiste.

LXVII

Celuy qui fait des cornes à sa femme
   Ne doit-il pas estre cornu aussi?
   C'est la raison, qui le demande ainsi,
Puis que sa foy le premier il diffame. [19]

LXVIII

Tente en apres par lettres ta Cruelle,
   De ce bel art iadis Aconce usa,
   Quand dans la pomme une lettre il posa
Pour l'envoyer à Cydippe la belle. [20]

LXIX

Ne luy escris que toute mignardise
   Dont tu sçauras attirer son esprit:
   Quand elle voit un fade & lourd escrit
Elle te hait, te gausse, & te desprise. [21]

LXX

Si dedaigneuse elle ne veut respondre,
   Ny lire moins l'escrit qu'elle a receu,
   Croy qu'elle ha honte, et qu'elle a le tout leu:
Et de t'escrire il te la faut semondre. [22]

LXXI

Si toutefois elle ne veut t'escrire,
   Ne la contrains, ains fais tant seulement
   Qu'elle te lise avec contentement,
Elle voudra à la fin te rescrire. [23]

LXXII
Et si Phebus t'espoind de sa folie,
    Et si tu as les neuf soeurs frequenté
    Plains toy en vers de sa grand' cruauté,
    Par vers gentils elle est un peu mollie.

LXXIII
Lesbie ainsi aux carmes de Catulle
    Ploya son coeur faroûche et endurci,
    Et Nemesis eut l'esprit addouci
    Par les doux vers de son amant Tibulle.

LXXIIII
Ainsi Properce esbranla la poitrine
    De sa Cynthie impitoyable à luy:
    Ainsi Ovide appaisa son ennuy,
    D'un vers lascif attirant sa Coryne. [24]

LXXV
Si ny les vers ny les lettres ont force
    Donte son coeur par quelques beaux presens
    Que tu verras qui luy seront plaisans,
    Et qui pourront te servir d'une amorce.

LXXVI
Par les presens on rend l'homme ployable,
    Par les presens on appaise les Dieux,
    Par les presens le grand prince des cieux
    Retient en main son foudre espouventable.

LXXVII
Et du premier pour entrer en sa grace
    Tu luy feras des friucts nouveaux tenir,
    Que de ton creu tu diras provenir,
    Conbien qu'ils soyent acheptez à la place.

LXXVIII
S'elle est au bal, dresse une Masquarade,
    Et porte luy mille gentils attours,
    Les beaux couteaux, l'espinglier de velours,
Offrant tes dons seul entre ta brigade.

LXXIX
Puis t'approchant aupres de son oreille
    Dis luy ton nom, tes flammes et comment
    Vivre tu veux sous le commandement
De sa beauté & grace nompareille. [25]

LXXX
Et si tu vois qu'elle est avare et chiche,
    Alors par l'Or ploye son cueur malin:
    Il n'y a rien qui soit si subtil & si fin
Pour l'esbranler comme ce metal riche.

LXXXI
Certainement en l'âge d'Or nous sommes,
    Par l'Or, merveille, Amour est surmonté,
    L'Or cause l'heur, le nom, l'authorité,
Et la noblesse & les honneurs aux hommes.

LXXXII
L'or peult forcer tout un camp de gensd'armes,
    L'or plus puissant que les foudres d'enhault,
    Les aspres lieux & les hauts monts assault,
Rompt les rochers & la durté des armes. [26]

LXXXIII
Assez Acrise avoit gardé sa fille,
    Contre l'effort de mille et mille encor,
    Si Iupiter ne l'eust prise par l'Or,
Faict amoureux de sa grace gentille. [27]

LXXXIIII
Tu meineras un Mercier devant elle,
  Et desployant tout ce qu'il ha de beau,
  Tu luy donras ou le chois d'un anneau,
  Ou d'un Carquan ou d'une chaisne belle.

LXXXV
Et ne crain pas de faire grand despense,
  Pour luy bailler ce qu'elle aimera mieux:
  "Celuy ne doit estre avaricieux,
  "Que Cupidon retient sous sa puissance. [28]

LXXXVI
Elle prira souvent que tu luy daignes
  Prester le tien, presse luy & combien,
  Qu'elle n'en rende & restitue rien,
  Si est-ce au moins que sa grace tu gaignes.

LXXXVII
Et ne pouvant luy prester d'avanture,
  Lors promets luy & ne bailles iamais,
  D'estre indigent & de faire grands frais,
  C'est une chose insupportable & dure. [29]

LXXXVIII
Vous les mignons des filles de Parnasse,
  Que donrez-vous qui n'avez aucun bien,
  Pour presenter que le Luth Cynthien,
  Et un pauvre art qui rien ne vous amasse.

LXXXIX
Certes bien peu vos carmes on honore,
  Bien peu vous sert d'avoir un Dien au cueur,
  Qui vous echauffe & vous mette en fureur,
  Si vous n'avez dequoy donner encore.

LXXXX

Que vienne Homere ayant pour sa conduitte
    Tant qu'il voudra, les Muses & Phebus,
    S'il n'est garni de dons, c'est un abus,
Il est chassé luy & toute sa suitte.

XCI

Mais croyez-vous que vostre Amie estime,
    Au pris de l'or vos carmes & vos chants,
    Non non, les dons sont bien plus allechans
Que les beaux mots compris en vostre ryme. [30]

XCII

Ne laisses pas toutesfois de luy tendre,
    Pour l'attraper, vos filets cauteleux,
    Avec le temps leur cueur trop orgueilleux,
Sera rendu humble, traittable & tendre.

XCIII

Avec le temps le Taureau difficile,
    Vient sous le ioug & endure la main:
    Avec le temps le farouche Poulain
Dessous le frein pousse sa course agile.

XCIIII

Qui est plus mol que l'eau de la marine?
    Qui est plus dur que le roc à toucher?
    Et toutefois l'eau qui lave un rocher,
Par laps du temps le consomme & le mine. [31]

XCV

Encor n'est pas la femme d'une sorte,
    L'une civille a les lettres appris,
    Et celle-là aimera vos escripts,
Et se ploira à vostre amitié forte.

XCVI

L'une est indocte & vilaine & barbare,
 Et celle là ne se peut pas dompter,
 Que par les dons qu'on luy doibt presenter,
Pour assouvir son appetit avare. [32]

XCVII

Et l'une va presumant d'elle-mesme,
 Et ne faict cas de l'Amant douloureux:
 Si vous pouvez n'en soyez amoureux,
Pour n'endurer de sa sottise extresme.

XCVIII

L'une est humaine, & bien facile à prendre
 Au moindre assault qu'on luy puisse donner:
 L'une est niaise, & peut se façonner,
En toutes meurs qu'on luy voudra apprendre.

XCIX

L'une plus sage & plus accorte femme,
 Son bon vouloir cache d'une rigueur:
 Si celle là sert d'obiect à un cueur,
Heureux son mal, & heureuse sa flamme. [33]

C

L'une est à Dieu chastement alliee
 Mais si peut-on par priere l'avoir,
 "Car ceste-là suit un chaste devoir,
 "Qui n'est iamais d'aucun homme priee. [34]

CI

Quoi qu'il en soit si vous ne pouvez faire
 Que vostre Amie escoute vos soupirs,
 Laissez plutost vos Amoureux desirs
Que de bastir des charmes pour l'attraire.

CII

Cest art secret comme vil & damnable
    Est deffendu par Ovide Payen,
    Dont moy qui suis de la foy d'un Chrestien,
Pourrois-ie bien l'avoir pour agreable?

CIII

Que sert la voix qui les Cieux importune?
    Que sert encor' d'arracher du Poulain
    La chair infaicte, & d'une Faulx d'arain
Des herbes prendre aux rayons de la Lune?

CIIII

Si cela fut une chose propice
    Pour attirer nostre humaine raison,
    Medee eust pris son pariure Iason,
Et Circe aussi eust retenu Ulysse.

CV

Tout ce que peut ceste sorcellerie,
    C'est d'alterer les esprits bien souvent
    Et d'hommes sains que nous estions davant,
Nos rendre fols & remplis de furie.

CVI

Il y en ha qui pires qu'homicides
    Ne pouvant pas leurs Amies ranger,
    Leur vont meslant au boire & au manger,
(Quelle pitié!) des mousches Cantharides.

CVII

Ceste poison baillee outre mesure,
    Par les roignons fait les conduictes ouvrir
    De la vessie, & fait apres mourir
Le patient qui longuement endure.

CVIII

Ainsi iadis Fille ô du Roy Pyrrhe,
    Mere cruelle, & meurtriere tu fis,
    Pour ton plaisir mourir ton propre fils,
    Avant davant souffer un long martyre.

CIX

Et quand aussi par mesure on la donne,
    Lors elle lance un vif chatoüillement
    Aux lieux secrets, lesquels plus ardemment
    Va desirant l'amoureuse personne.

CX

Mais quelquefois telle poison vilaine
    N'opere pas & ne parfaict en rien
    Ny les souhaits de l'amour ny son bien,
    Ains sans effect apparoist foible & vaine.

CXI

Car il y a de telles preudes femmes,
    Qui aiment mieux souffrir toute douleur,
    Que de se voir par un si grand malheur,
    Perdre leur nom & devenir infames.

CXII

Et outre celles dont ce breuvage
    A peu le corps & le cueur surmonter,
    Se laissent mieux à un valet taster,
    Qu'à cil qui cause & leur mal & leur rage.

CXIII

Soyent loing de vous tous actes detestables,
    Et ne gastés d'un breuvage nouveau
    Son bon esprit, son corps & son cerveau,
    Ains amiés la, pour estre aussi aimables. [35]

CXIIII
Que si c'est mal d'empoisonner sa Dame,
   C'est mal aussi de l'enyvrer, affin
   De la ravir quand la vapeur du vin
Trouble ses sens son cerveau & son ame.

CXV
Dea! quel plaisir peult-on prendre en la sorte?
   Y a-til là quelque grand volupté,
   Quand l'un se mouve & s'esbat d'un costé,
Et l'autre gist à l'envers comme morte?

CXVI
De ce moyen Cupidon tu te mocques,
   Et y songeant tu t'esclattes en ris,
   Toy qui cognois que les jeux de Cypris
Ne valent rien s'ils ne sont reciproques.

CXVII
Puis tu es libre & bien dur à contraindre,
   S'il ne te plaist, tu as le corps dispos,
   Tu es garny de deux ailles au dos,
Et peux aller où on ne peut t'attaindre.

CXVIII
Dont ne pensez contraindre Amour par charmes,
   Ny par poisons, ny par autres tourmens,
   Vos hameçons & vos allechemens
Ce sont les dons, la priere & les larmes. [36]

CXIX
Celle qu'un charme en vostre Amour affolle
   Force son cueur son vouloir & son chois,
   C'est une souche ou statue de bois,
Sans mouvement, sans voix & sans parolle.

CXX

Ne sçavez-vous que Circe enchanteresse
    Changeoit les beaux en Lyons, en Taureaux,
    En Chiens, en Porcs, en Cerfs & en Oyseaux,
    Pour iouir d'eux & ravir leur ieunesse?

CXXI

N'avez-vous leu dans Arioste, comme
    Roger estant par Alcine enchanté,
    N'avoit ny sens, ny cueur ny volonté,
    Mieux ressemblant à un tronc qu'à un homme?

CXXII

Il n'avoit plus Bradamante en memoire,
    Ny ses hauts faits ny son nom mesmement,
    Alcine estoit son seul contentement,
    Son seul soulas son Amour & sa gloire.

CXXIII

La femme ainsi qu'on enchante & qu'on yvre,
    Ne sent plus rien, & perd le souvenir,
    Qui la faisoit en honneur maintenir,
    Pour l'appetit des bestes brutes suivre. [37]

CXXIIII

Or i'apperçoy que ma Barque me meine,
    Graces aux Dieux, pres de la rive à bord,
    Il fault ietter mes ancres dans le port,
    Caller la voile & abbatre l'anteine.

CXXV

Et attendant une saison benine,
    Lors que les Vents cesseront leurs abbois,
    I'équiperay une Nef autrefois,
    Et reveindray voguer sur la marine. [38]

SECOND BOCAGE DE L'ART D'AIMER

Stanzes.

I

Quand ie nasquis, Amour & la Cyprine*
    S'assirent pres de mon berceau, à fin
    De prononcer tout l'heur de mon destin,
Et de m'orner de leur grace divine.

* Venus

II

Ma mere veit, estonnee en sa couche,
    Comme Venus d'un baiser gracieux
    Pressoit mon front, mes levres, et mes yeux,
Et me versoit du miel dedans la bouche.

III

Puis elle ouit qu'ils se disoyent ensemble,
    Ce ieune enfant, nostre cher nourriçon,
    Dira un iour aux François la façon
Comme l'Amour en deux coeurs on assemble.

IIII

Luy moissonnant les thresors de la Grece,
    Et des Latins, ne sera point de ceux,
    Qui fay-neans, poltrons, & paresseux,
Cachent les dons qu'ils ont en grand' largesse.

V

Il retiendra d'une heureuse memoire
    Dans son cerveau des Muses le sçavoir,
    Et de ses vers fera bruire le Loir,
Comme BELLAY fit retentir le Loire.

VI

Que si Themis en son palais l'amuse,
    Ce neantmoins il ne laissera pas
    D'aimer Phebus & ses gentils esbas,
Et de cherir le doux soin de la Muse.

VII

Ainsi Venus et son fils discoururent,
    Et comme un songe errant dans le cerveau,
    Ou comme un vent, ou une bulle d'eau
Eux de ma mere à l'instant disparurent.

VIII

Nostre âge coule & nos ans vont grand'erre,
    Ie creus soudain, & voulant acquerir
    Ce qui ne peult par nostre mort perir,
Ie m'en allay à Paris pour l'acquerre.

IX

Là par cinq ans ie gousté la doctrine,
    Qui se peut voir aux Romains & aux Grecs,
    Et m'en allay dedans Tholose apres,
Où ie gaignay la fleur de l'Eglantine. [38a]

X

Depuis ce temps i'ay tousiours voulu suivre
    Le beau sçavoir des Loix, & des neuf soeurs:
    L'un me retient de ses gayes douceurs,
L'autre i'exerce à celle fin d'en vivre.

XI

"Deux ancres font la navire plus seure:
    Ainsi au pis, ie m'asseuray bien
    Que si Phebus ne me profite en rien,
Que i'ay la loy, en qui mieux ie m'asseure.

XII

Despuis ce temps i'ay voué mon service
    A Cupidon & à Venus aussi,
    Ausquels i'appen devotement ici
Leurs fruicts, leurs arts, & leur brave exercice.

XIII

Ie cognoy bien que i'entreprens une œuvre
    Qui n'est aisé, comme il semble, de front:
    Mais un labeur qui est penible & promt,
Tout ce qu'il trace en fin il le décœuvre.

XIIII

Et outre ayant de cordage & de voile
    Garni ma nef, comme il faut, tout autour,
    Ie ne craindray de voguer en amour,
Puis que Venus me veut servir d'estoile. [39]

XV

Ieune amoureux qu'une beauté martyre,
    Et qu'un desir embraise sans repos,
    Sois attentif à ouir mes propos
Lesquels pour toy la Muse me veut dire.

XVI

Ce n'est pas tout que de gaigner ta Dame
    Par pleurs, par plainte, & par dons excessifs,
    Il faut sçavoir de quels attraits lascifs
Tu useras pour estaindre ta flame.

XVII

Car de penser qu'en baisant tu estaignes
    Le vif brasier que ton cœur a receu,
    C'est grand' folie, attendu que tel feu
N'est allegé qu'à bien bonnes enseignes.

XVIII

Et qu'un baiser, qui iusqu'au cœur ne touche
   Donne plaisir, ie n'en croy Theocrit,
   Qui dans ses vers autrefois l'a escrit:
   Cela ne fait qu'affadir nostre bouche.

XIX

Sçais-tu que c'est, la belle Idalienne*
   Se rit de ceux qui de honte trop froids
   Baisent ainsi comme font les François:
   Va plus avant, baise à l'Italienne.

* Venus

XX

Celuy qui prend un baiser de s'amie,
   Si par le reste il n'esteint son ardeur,
   Ce peu desia, qu'il a pris de faveur,
   Il doit le perdre & n'aimer de sa vie. [40]

XXI

Du premier sault davanture ta Dame
   Resistera, si veut-elle pourtant
   Estre gaignee & prise en resistant,
   Pour colorer le desir qui l'enflame.

XXII

Et ne perds cœur s'elle fait la dépite,
   En te disant, Allez fol estourdi,
   Allez meschant, qui vous fait si hardi?
   Quelle fureur & quel tan vous excite?

XXIII

Vous ay-ie peu donner dessus ma vie
   Occasion de mal penser de moy?
   Vous suis-ie plus folle que ie ne doy?
   Plustost mourir que m'en vienne l'envie. [41]

XXIIII
Comme un rocher sis au milieu de l'onde
    Qui ne craint point, asseuré de son pois,
    Ny d'Aquilon les violens abois,
    Ny des hauts flots la rage furibonde.

XXV
Et comme un Chesne estendant sa racine
    Autant en bas comme sa fueille aux cieux,
    Ici le Sud, ici l'Oest furieux
    Le souffle en vain, & sur luy se mutine. [42]

XXVI
Ainsi hardi & rempli d'asseurance
    Poursuy ta pointe, & ne fay point de cas
    Ou de menace, ou d'iniure, ou d'un tas
    De vains propos, desquels elle te tance.

XXVII
Celle qui est par ta crainte laschee
    Te hait en soy & t'estime couard:
    Et s'elle monstre un visage gaillard,
    Dedans son coeur elle est triste & faschee.

XXVIII
Et celle aussi, que tu auras forcee,
    T'admire apres & t'engage sa foy,
    Et se depart alors d'avecques toy
    Contente au coeur & au front courroucee.

XXIX
Par force fut Proserpine ravie,
    Forcee fut du Cynthien la soeur,*
    Et l'une & l'autre aima son ravisseur,
    Et demeura sous sa force asservie. [43]

                              * Artemis

XXX

Long temps Thetis pour n'estre violee
    Changea sa forme, & ores en oyseau,
    Ore en Baleine, en Daulphin, en Taureau,
    Se defendit des assauts de Pelee.

XXXI

Mais quand Pelee usa de violence,
    Elle obeït, & chassant son courroux
    Elle voulut l'avoir pour son espoux,
    Bien qu'elle eust pris des grands Dieux sa naissance. [44]

XXXII

Voire & son fils portant habits de femme,*
    S'il ne se fust porté tout autrement
    Qu'il ne monstroit par son accoustrement,
    A peine eust-il esteint sa vive flame.

                                    * i.e., Achilles

XXXIII

L'aveugle Amour de sa fleche ennemie
    Avoit esté de ce guerrier vainqueur,
    Et le navrant au plus profond du cœur
    L'avoit contraint d'aimer Deïdamie.

XXXIIII

Elle couchant dans une couche mesme
    Avec luy, esprouva par effect,
    Qu'il n'estoit femme, ains un homme parfaict,
    Roide, vaillant, & d'une force extresme.

XXXV

Il convint bien qu'il usast de main forte
    Pour iouir d'elle, & le faut croire ainsi:
    Si vouloit-elle estre forcee aussi,
    Prise, vaincue, & aimee en la sorte.

XXXVI

Et toutefois quand il fallut qu'Achille
    En lieu d'atours, d'anneaux, de scoffion,
    S'armast le corps & pris le morion
Pour aller perdre & Priam & sa ville.

XXXVII

Elle mouillant de larmes son visage
    Tordoit ses bras, & panchee à demi
    Dessus le col d'Achille son ami,
Le supplioit de rompre son voyage.

XXXVIII

Où est ce cœur, & ceste resistance
    Deidamie? hé! pourquoy lamentant
    Vas-tu ainsi celuy-la arrestant,
Lequel t'a faict une si lourde offense?

XXXIX

Pourquoy veux-tu seulement entreprendre
    De regarder d'un bon oeil le voleur,
    Qui t'a privé, de ta plus chere fleur,
Et t'a ravi ce qu'il ne te peult rendre? [45]

XL

"Certes d'autant qu'une femme ha de honte
"De requerir celuy qu'elle aime bien,
"Autant de gré reçoit-elle & de bien
"Quand son ami par force la surmonte.

XLI

Comme l'on dit, une pinte premiere
"Est tousiours chere, & aussi en amours
"Le premier coup se trouve aspre tousiours,
"Rude, fascheux, & plein de rigueur fiere. [46]

XLII
Mais il advient ce qu'a chanté Horace:
   "Qui bien commence il a fait la moitié,
   "Aussi celuy qui fonde une amitié
   "La fondant bien il y a bonne place. [47]

XLIII
L'Amour est nud & enfant, comme il semble:
   Mais quand son arc une fois il a pris,
   Le grand Iupin en est de crainte espris,
   Les Dieux ont peur, & la machine en tremble.

XLIIII
Il n'y a rien que ce Dieu ne conqueste,
   Il fait cesser les plus fieres rigueurs,
   Il amollist les plus obstinez cœurs,
   Et leurs vouloirs sous son ioug il arreste.

XLV
Ce qui sembloit impossible a poursuivre
   Il le fait voir facile quand il veut:
   Il est agile, & tout chose il peut,
   Et du tombeau seul il nous fait revivre. [48]

XLVI
Or nous t'avons enseigné la maniere
   Comme tu dois de ta Dame iouir,
   Et maintenant it te convient ouyr
   Comme pour toy tu l'auras toute entiere.

XLVII
Ce n'est pas moins de los & de science
   "De conserver des biens ja conquestez,
   "Que d'en aller querre de tous costez:
   "L'un est tout heur, l'autre toute prudence. [49]

XLVIII

Quand tu auras couronné ta victoire
    Par le trophé d'amoureuse merci,
    Tiens le couvert d'un silence obscuri,
    Et nul que toy ne cognoisse ta gloire.

XLIX

Si une fois ta Dame tu decelle,
    Ne pense plus en recevoir plaisir,
    Elle te fuit & change son desir
    En une haine implacable et mortelle.

L

Aussi vrayment qui decele sa Dame
    Apres avoir esté d'elle receu,
    Il est meschant & n'a iamais cogneu,
    Que c'est qu'Amour & que sa belle flame.

LI

Il n'a raison, ny honneur, ny sagesse,
    Indigne d'estre estimé & chery:
    Il a esté dans les rochers nourry
    Et allaicté du laict d'une Tigresse.

LII

Ne vante point l'heur de ta iouissance,
    Et ne fay pas comme les Escholiers,
    Qui un tel heur decelent à un tiers,
    Et n'ont iamais leur langue en leur puissance.

LIII

Que ton amy n'en sçache rien luy-mesme,
    Bien que tu sois dés long-temps allié
    Avecques luy d'une saincte amitié,
    Et que sans feinte il te caresse & t'aime.

LIIII

Il n'est point seur qu'en rien tu la luy vante',
    Car te croyant il sera assez prompt
    De te donner s'il peut quelque faux-bond,
    Et te coupper l'herbe dessous la plante. [50]

LV

Que si Candaule eust bien celé à Gyge,
    Sa femme mesme & sa grande beauté,
    Gyge n'eust point sur la femme attenté
    De son amy & de son Prince lige.

LVI

Il n'eust iamais d'une dextre felonne
    Meurtry Candaule en son royal Palais,
    Et comme amy il n'eust souffert iamais
    De luy tollir son sceptre & sa couronne. [51]

LVII

"Rien n'est plaisant que la chose vilaine,
"Chacun qui peut prend son contentement,
"Qui luy est doux, quand principalement
"Il sçait qu'autruy en reçoit de la peine. [52]

LVIII

Ah! tu ne peux revoir de l'offense
    En tes Amour par tes vrais ennemis,
    Si tu fuis ceux que tu crois tes amis,
    Tu peux aimer tousiours en asseurance.

LIX

Mais Pyrithois & le vaillant Thesee
    N'ont les Amours de l'un l'autre blessé:
    Pylade n'a son Oreste offensé
    En ravissant sa fidelle espousee.

LX

Si ton amy tel estre tu estimes,
    Tu pourras bien quand & quand estimer,
    Que les Oiseaux habitent dans la mer,
    Et que le Ciel est au creux des abysmes.

LXI

Dans nostre siecle on ne voit plus d' Oreste,
    Ny de Pylade, & Thesee certain :
    L'amy, le frere, & le cousin germain,
    Sont plus à craindre & fuir que la peste.

LXII

Ce sont ceux là qui causent nostre perte,
    D'eux sont nos maux, d'eux nous sommes haïs,
    D'eux nos secrets plus couvers sont trahis
    Sous le semblant d'une Amitié ouverte. [53]

LXIII

Mais ce n'est tout de garder le silence,
    Il faut aussi cognoistre les humeurs,
    L'affection, la nature, les meurs
    De celle-là dont tu as iouissance.

LXIIII

S'elle est timide & craintive femelle,
    Et que tu sois hardy en son endroit,
    Si tu es docte & qu'ignare elle soit,
    Elle te craint & se deffie d'elle.

LXV

Et de là vient que celle qui a honte
    De plus hanter l'homme brave & civil,
    Aimera mieux le faquin lourd & vil,
    Et du gentil ne fera plus de conte.

LXVI
S'elle est gaillarde, & si elle aime à rire,
 Et à parler de maint propos ioyeux,
 Et que tu sois pensif & ennuyeux,
 Morne, songeard & balançant ton dire.

LXVII
S'elle est faconde & s'elle a bon langage,
 Pour discourir davant tous doctement,
 Et qu'en discours façonnez lourdement
 Tu sois semblable au noble de village.

LXVIII
Ne pense pas qu'elle aime son contraire
 Pour iouïr d'elle & pour te faire aimer,
 A ses humeurs il te faut conformer,
 Et te regler a ses façons de faire.

LXIX
Comme le Poulpe estant sur une roche
 Prend sa couleur, & en ceste façon
 Deçoit l'ablette & le menu poisson,
 Qui pres de luy peu cauteleux s'approche.

LXX
Ainsi tu dois transformer ta nature,
 Où tu verras sa nature encliner:
 Dessus son vueil tu te dois façonner,
 Si tu veux bien que ton amitié dure. [54]

LXXI
Que tes habits, si ton moyen le porte,
 Soyent des couleurs qu'elle aime plus à voir,
 Soit rouge, ou bleu, ou soit blanc, ou soit noir,
 Incarnat, verd, ou de quelque autre sorte.

LXXII
Et si tu n'as la puissance assez grande,
>   Pour souvenance aumoins de ses faveurs,
>   Porte un signal, où seront les couleurs,
>   Que tu cognois que plus elle demande.

LXXIII
Ne noise point, & prudent ne conteste
>   En fait ny dit contre elle aucunement:
>   Il messied fort à un fidelle Amant
>   D'estre à sa Dame importun & moleste.

LXXIIII
La noise, l'ire, & l'aspre frenaisie*
>   Soyent pour la femme & l'homme mariez
>   Qui de raison ne sont tant mariez,
>   Comme ils le sont de pure ialousie.

* *fren aisie*, in 1576 ed.

LXXV
Et quant à toy, qui voudras estre aimable,
>   Connive à tout, aime ton corrival,
>   Et fay semblant qu'il ne te fait point mal
>   De voir, qu'il est comme toy agreable.

LXXVI
S'il la recherche, il faut qu'tu l'endure',
>   Sans rechercher sur elle & sur sa foy:
>   Car tu sçais bien que ce qu'ell' fait pour toy,
>   N'est pas d'office, ains de volonté pure.

LXXVII
Et ie dy plus, que tu prennes bien garde
>   De ne toucher ce qu'elle luy escrit:
>   Et quand ils sont couchez en mesme lit,
>   Que leur plaisir ta veue ne retarde.

LXXVIII
Mais il est bon qu'elle soit deffiante,
    Qu'une autre qu'elle est de toy ioüissant,
    Par ce moyen tu iras accroissant
Dedans son cueur plus d'amour violante.

LXXIX
Heureux l'Amant trois quatre fois i'estime,
    Duquel la Dame ayant ouy le bruit,
    Qu'un autre amour que la sienne il poursuit,
Pallist soudain au recit de ce crime.

LXXX
Heureux celuy à qui elle s'attache,
    L'appelant traistre en visage pitieux,
    Et que, depite, elle prend aux cheveux,
Et dont la chair et la barbe elle arrache. [58]

LXXXI
Et toutefois ne luy donne l'espace
    De retenir son dépit en son cueur:
    Car d'autant plus qu'il ira en longueur,
Autant aussi tu es loing de sa grace.

LXXXII*
Esten tes bras à son col & l'asseure,
    Que tu n'as point contre ta foy forfaict,
    Qu'elle est ta Dame & que ton cueur n'a faict,
En autre endroit que dans elle demeure.
                        * LXXII, in 1576 edition

LXXXIII
Sur tes genoux pren-la, & puis la baise
    De longs baisers doucement savoureux,
    Et resveillant tes desirs Amoureux,
Couche avec-elle, & ainsi la rappaise.

LXXXIIII
Il n'y a rien qui si tost puisse abbatre
    Le grand courroux, dont son cueur est épris,
    Que le doux ieu de la belle Cypris,
    Et les esbats d'un Amoureux follastre.

LXXXV
Par ces esbats la cholere allumee,
    Et le desdaing, les souspirs & les pleurs,
    Les fiers ennuis, le soing & les douleurs
    S'en vont au vent comme fait la fumee.

LXXXVI
Sans ces esbats les femmes mariees
    Font aux maris des cornes sur le front,
    Sans ces esbats les amies ne sont
    A leurs amis longuement alliees. [59]

LXXXVII
Mais pourautant que d'aucuns de soymesme
    Semblent tardifs à ces esbats gentils,
    Ie leur diray les moyens bien subtils,
    Pour eschauffer leur froideur si extresme.

LXXXVIII
Que sur la fin du desert on leur porte,
    L'hypocras rouge, ou bien un puissant vin:
    La truffe noire avec le fruict du Pin,
    Et des dactils, que la Iudee apporte.* [60]

                            * a comma here, in 1576 ed.

LXXXIX
Quand tu voudras venir en sa presence,
    Fay luy sçavoir, & sous sa volonté
    Regle ton cueur, & ton feu indompté:
    Car elle veut surtout obeïssance.

XC

Ce qui est plus à sa Dame agreable,
    C'est d'obeir à son commandement:
    Et l'Amoureux qui fera autrement,
    Ne verra point son Amour perdurable.

XCI

La femme veut qu'on luy face service,
    Qu'on tienne d'elle, & de ses actions,
    Qu'on obtempere à ses affections,
    Qu'on la revere & qu' on luy obeïsse.

XCII

Mais est-ce chose indecente & infame?
    Est-ce un peché, est-ce un acte vilain,
    A ceux qui ont le sentiment humain,
    Que d'estre serfs du vouloir de la femme? [61]

XCIII

Ce grand Hercul, qui de sa force esgale
    A la vertu des plus souverains Dieux,
    S'alla frayer un chemin dans les Cieux,
    Ne fut-il serf & esclave d'Omphale?

XCIIII

Luy déposant sa massue bordee
    De noeuds autour, & devestant sa peau,
    N'eut point horreur de prendre le fuseau,
    Et de filer de la laine escardee.

XCV

Pres de sa Dame estant assis à terre,
    Et d'un habit de femme revestu
    Il croupissoit sa force & sa vertu,
    Espris d'Amour, qui luy faisoit la guerre.

XCVI

Si cest Heros, vaillant & indomptable,
   A obey comme esclave paoureux
   A celle-là dont il fut Amoureux,
   Douteras-tu de faire le semblable?

XCVII

Douteras-tu apres homme si brave,
   D'estre à ta Dame & à tous mandemens,
   Te monstrer serf de ses commandemens,
   Et la servir comme son humble esclave? [62]

XCVIII

S'elle te dit, Il m'a prins fantaisie
   D'aller aux champs, & n'ay personne ici
   Pour me servir & me guider aussi,
   Vous me tiendrez s'il vous plaist compagnie.

XCIX

Laisse soudain tout ce qu'auras à faire,
   Delaye tout, & ne delaye point
   Ce qu'elle veut, & ce qu'elle t'enioint,
   L'accompagnant où elle aura affaire. [63]

C

S'elle est aux champs, & qu'elle te demeure,
   T'ayant mandé que tu la viennes voir,
   Tu dois de pied accomplir son vouloir,
   Si tu ne peux recouvrer de monteure.

CI

Et que l'Esté & que la Canicule,
   Qui de chaleur desseiche tous les champs,
   Et que la neige & que le mauvais temps
   Le tien chemin tant soit peu ne recule. [64]

CII
Endure tout: l'Amour c'est une guerre,
  Qui ne reçoit des bizongnes soldars,
  C'est un beau camp, lequel de toutes parts
  Les plus gaillards & plus hardis enserre.

CIII
Dedans ce camp les patients gensd'armes
  Sont à la pluye, à l'hyver & au vent,
  Moüillez, gelez & soufflez bien souvent,
  Pleins de souspirs, de frissons, & de larmes.

CIIII
Tout dur chemin, toute penible voye,
  Tous grands travaux leurs semblent gracieux,
  Et tout le temps ne leur est ennuyeux,
  Qui au vouloir de leur Dame s'employe. [65]

CV
Quand tu as crainte, & qu'il ne t'est facile
  D'entrer chez-elle & que son huis est clos,
  Par la fenestre entre, & d'un pied dispos
  Franchy le mur, tant soit il difficile.

CVI
Elle est ioyeuse alors qu'elle a un gage
  De ton Amour, & quand pour la cherir,
  Tu ne crains point un danger encourir,
  Et t'en admire & cherist davantage.

CVII
Ainsi d'Hero fut mieux aimé Leandre,
  Lors qu'elle veit que d'un courage prompt
  Il traversoit à nage l'Hellespont,
  D'elle embraisé en sa poitrine tendre. [66]

CVIII

Si quelquefois tu es davant sa porte
    Toute une nuit à tremblotter des dents,
    Lors qu'Aquilon avec les autres vents
    Souffle à l'envi de son haleine forte.

CIX

Ou que la neige enfarine la terre,
    Ou bien qu'il gelle, ou bien que le verglas
    Tombe menu des gouttieres d'embas,
    Et en tombant glasse comme le verre.

CX

Iamais pourtant tu n'en dois faire mine,
    Et ne luy dois par dépit reprocher
    Qu'elle est cruelle & nee en un rocher,
    Ou dans les flots, qui troublent la marine.

CXI

Pense à part toy qu'elle a, peult estre, crainte
    D'un sien parent, ou bien de son voisin,
    Ou que chez soy est alors son cousin,
    Ou son mary, qui la rendent contrainte. [67]

CXII*

A ses varlets monstre toy accostable,
    Et donne leur ce qu'ils te requierront,
    Ce seront ceux lesquels t'introduiront
    La nuict au lieu, qui t'est plus agreable.

                              * CXXII, in 1576 ed.

CXIII

Accoste toy aussi des ses servantes,
    Et les salue, & ne sois negligent
    De leur donner à toutes de l'argent,
    Pour mieux les rendre à ton service ardentes. [68]

CXIIII

Ce qu'elle hait, il faut l'avoir en haine,
    Sinon de cueur aumoins d'un faux-semblant:
    Et ce qu'elle aime, il faut faire semblant
De luy porter une amitié certaine.

CXV

Ce qu'elle estime il faut que tu l'estimes,
    Bien qu'il ne soit digne d'estre estimé:
    Ce qu'elle veut estre aussi déprimé,
De ton pouvoir faut que tu le déprimes.

CXVI

Dit-elle ouy, ne dy pas du contraire,
    Dit-elle non, tu dois nier aussi:
    Luy desplaist-il, qu'il te desplaise ainsi,
Et le veut-elle, il ne te doit déplaire.

CXVII

Quand tu la vois qu'elle rit & s'égaye,
    Esgay toy & luy ris doucement:
    Quand elle est triste & pleure amerement,
Fay que de pleurs ton visage se naye. [69]

CXVIII

Et si tu ioüe' aux Dames avec-elle,
    Laisse la prendre & damer dessus toy:
    Si aux Eschets laisse matter ton roy,
Et donne ainsi la victoire à la belle.

CXIX*

Et si au Flux ou au Taroc tu ioues,
    Laisse toy vaincre & te tromper au jeu,
    Et puis feignant le courroucé un peu,
Il faut qu'en jeu son heur tu luy advoües.

                      * CIX, in 1576 ed.

CXX
Alors contente, & ioyeuse en la sorte
 Elle rira de te voir courroucer,
 De te pouvoir en bon heur surpasser,
 Et de gaigner ton argent qu'elle emporte. 70

CXXI
Et si elle est au bout des doigts gelee,
 Bien que tu sois tout transi, neantmoins
 Dedans son sein tu dois prendre ses mains,
 Les eschauffer, & en chasser l'onglee.

CXXII
Ne sois honteux de tenir davant-elle
 Son mirouer, tes deux genoux enclins,
 Ou de chausser ou d'oster ses patins,
 Ou à son lict porter une escabelle. 71

CXXIII
En tout habit qu'elle s'aime & s'habille
 Dy-luy qu'elle a un maintien bien decent,
 Et que ton cueur elle va ravissant
 Par les attraits de sa grace gentille.

CXXIIII
Quand elle sort au matin de sa couche
 Ayant la coéffe ou le cotillon vert,
 Loüe l'habit qui monstre à descouvert,
 Ce qui t'embraise, & vivement te touche.

CXXV
Quand elle prend ou la vasquine ronde,
 La vertugade, ou le fonds de satin,
 Les faux manchons & le crespe bien fin,
 Dy que cela luy sied le mieux du monde.

CXXVI
Quand elle fait une belle parade
    De ses cheveux frisez & mis en rond,
    C'est sa grandeur qui reluist sur le front
Par le moyen de sa rate-penade.

CXXVII
Si tu la vois habillee en bourgeoise,
    La robbe à queüe & la cotte dessous,
    La manche longue & large des deux bouts,
Tu la loûras comme droicte Françoise.

CXXVIII
Si de velours tu la vois reparee,
    Dy qu'un velours luy sied nayvement bien,
    Si de taftas, dy par mesme moyen,
Que du taftas elle est bien illustree.

CXXIX
S'elle est d'attours & d'or environnee,
    Loue son or & luy adiouste encor',
    Que sa beauté n'est rien autre que l'or,
Et que tel or tient ton ame enchaisne. [72]

CXXX
Que si son teint est de couleur bien brune,
    Dy luy qu'il est d'un beau brun argenté:
    Et s'il est brun, dy qu'il passe en beauté
Le teint plus cler & plus blanc de la Lune.

CXXXI
Si iaune elle-est, à l'Aurore elle semble:
    Palle à Iunon, & rougeastre, à Cypris:
    Que sa rousseur de Diane elle a pris,
Et en rousseur à ses Nymphes ressemble.

CXXXII

Si maigre elle est il faut l'appeller grelle,
   Si courte, il faut agile l'estimer:
   Si grasse elle-est, pleine il la faut nommer,
   Si longue, il faut que grande tu l'appelle. [73]

CXXXIII

Mais par sur tout donne toy bien de garde,
   Que tu ne sois pour flatteur decelé,
   Et ne destruy ton parler simulé
   Par un soubs-ris avancé par mesgarde.

CXXXIIII

"Si tu veux bien receler ta mensonge
"Tu dois par art finement la celer.
"L'art descouvert, ta foy s'enfuit en l'air,
"Et tout honneur s'en volle comme un songe. [74]

CXXXV

Façonne toy d'une humeur bien civile,
   Et sois farcy de petits mots ioyeux,
   Sois doux, courtois, facond & gracieux,
   Soupple, dispos, & d'un esprit habille.

CXXXVI

Quand tu serois assi beau que Niree,
   Ou qu'un Hylas par les Nymphes ravy,
   Si ton beau corps n'est d'un sçavoir suivy,
   Ta grace manque & n'est point honoree.

CXXXVII

"Ton corps vieillist & se ride ta face,
"Mais l'ornement qui provient de vertu
"Par laps des ans n'est iamais abbatu,
"Ains par les ans renouvelle sa grace.

CXXXVIII

Sois bien soigneux d'apprendre en ta ieunesse
    Le beau parler des Romains & des Grecs,
    Et de sçavoir les plus doctes secrets,
    Et les beaux arts enfantez de la Grece. [75]

CXXXIX

Si tu ne sçais les sciences gentilles
    Ou le parler des Grecs & des Romains,
    Voy l'Italie, & appren pour le moins
    Son beau langage, & les moeurs de ses villes.

CXL

Là tu sçauras les tours desquels on use
    Pour attirer s'amie à ses desirs,
    Là tu verras comme de feints soupirs,
    Et d'un Oymé doucement on l'abuse. [76]

CXLI

Cest Itaquois,* qui poussé de l'orage
    Veit par dix ans tant de belles citez,
    Cogneut leurs loix, leurs moeurs, leurs volontez,
    Sçeut leur coustume, & leur divers langage.

                                                      * Ulysses

CXLII

Ne charma-il Circe l'enchanteresse,
    De son parler plus fort qu'enchantement?
    Ne ioüit-il des baisers longuement
    De Calypson mariniere deesse? [77]

CXLIII

Ainsi as-tu passé par l'Italie,
    Qui largement te suffist pour tous lieux,
    Tu es plus sage, & là tu apprens mieux
    A enchanter le cueur de ton amie. [78]

CXLIIII
Quand tu te vois estre familier d'elle,
    Et que desia tu es en son amour,
    Et ne peut pas vivre sans toy un iour,
    Bruslee au cueur d'une flamme cruelle.

CXLV
Ne la va voir qu'une fois la sepmaine,
    Car beaucoup mieux elle te cherchera,
    Et son desir vers toy renforcera,
    Et t'aimera d'une amour plus certaine. [79]

CXLVI
Mais par long temps ne pers pas sa presence,
    Elle s'en fasche & pour lasche te tient,
    Et s'abandonne à un autre qui vient,
    Si que du tout tu es en oubliance.

CXLVII
Ne sçais-tu pas qu'Helene courroucee
    De voir absent si long-temps Menelas,
    Rompit sa foy pour suyvre les appas
    D'un estranger, qui l'avoit caressee?

CXLVIII
Si Menelas eust sceu le grand' esclandre,
    Qui vient à ceux, qui seule à la maison
    Laissent leur femme en sa ieune saison,
    Il n'eust laissé sa Dame encore tendre.

CXLIX
Il n'eust permis qu'elle eust esté la proye,
    Qu'elle* pitié! de son hoste Paris:
    Avec les Grecs il n'eust encore pris
    Pour la r'avoir les armes contre Troye.

    * for *Quelle*

CL
Soit à son dam, soit doncque à son dommage
    Dequoy cocu, par sa faute, il s'est veu:
    Mais toy, à fin que tu ne sois deceu,
    "Que le peril d'autruy te face sage. [80]

CLI
Lors que ta Dame est en son lict surprise
    De quelque excez de fievre qui l'espoint,
    Sois aupres d'elle, & ne la laisse point,
    Et plains le mal duquel elle est esprise.

CLII
Quelle * te voye espancher sur sa couche
    Un lac de pleurs, & par fois la baisant,
    Que de tes pleurs tu ailles arrousant
    Ores son front, ores sa belle bouche.

                                          * for *Qu'elle*

CLIII
Pren luy le pouls, donne luy asseurance,
    Fay son bras droit dans des herbes lier,
    Mets luy au col des billets de papier,
    Et fein des voeux tout haut en sa presence.

CLIIII
Et conte luy comme la nuict prochaine
    Tu as songé mille songes ioyeux,
    Et que cela estoit presagieux
    Qu'elle seroit en brief temps toute saine. [81]

CLV
I'ay maintenant achevé mon ouvrage,
    Alme Venus, & toy petit Archer
    Faites que nul ny puisse décocher
    Les traits ailez d'une envieuse rage.

CLVI

Ie vous le sacre, & vous en donne gloire,
 Sans vous iamais ie ne l'eusse achevé,
 Donnez luy vie, & qu'il soit engravé
 Dedans le roc du temple de Memoire. [82]

CONCLUSION

The process followed by Pierre Le Loyer in the construction of the *Bocage de l'Art d'Aimer* is noteworthy in that it is so haphazard. He seems to have made use of no certain plan or program in his borrowings from the *Ars Amatoria*. As was said in the beginning, he apparently picked at random the passages from Ovid's manual that he wanted to imitate. The result is a peculiarly attractive *mélange* of Ovidian precepts—not all of which, incidentally, are to be found in the *Ars Amatoria*—and of varied Italian and French conceptions of the art of love. However, the dominant tone of the *Bocage de l'Art d'Aimer* is Ovidian—and yet it must be indicated clearly that Le Loyer's poem is *not* a translation of the *Ars Amatoria*.

The many striking similarities between the two poems might make it appear at first glance that the *Bocage* is just a rendition in French of the *Ars Amatoria*. Lanson in his *Manuel bibliographique* lists the *Bocage de l'Art d'Aimer* among the French Renaissance translations of Ovid.* But a true translation from one language to another demands a close adherence to the language and sequence of ideas in the original composition. Examples of such adherence are to be noted in other Renaissance renditions of Ovidian work—Charles Fontaine's translation of the first ten *Heroides* and a portion of the *Remedia Amoris*, Clément Marot's translation of the first two books of the *Metamorphoses*, François Habert's tanslation of the whole of the *Metamorphoses*. When the *Bocage de l'Art d'Aimer* is compared with these conscious and orderly efforts at transcribing certain writings of Ovid into French, it is obvious that the poem of Le Loyer does not belong to such a group. The fact that the *Bocage* does not belong

---

* G. Lanson, *Manuel bibliographique* (Hachette, 1921 edition), page 96.

in this group has nothing to do, of course, with its essential value in carrying on the Ovidian tradition; it does, however, put it in a different and possibly more important classification. Pierre Le Loyer in his *Bocage* has been true to the principles of Du Bellay and Ronsard, whom he admired very much. Du Bellay, Ronsard, and the Pléiade felt that the literal rendition of one language into another was, after all, a rather barren and useless procedure; a more worth-while labor, according to the Pléiade, was the adaptation of the spirit and ideas of a Latin or Greek work into the French language. Le Loyer has carried out this precept most admirably in the *Bocage de l'Art d'Aimer*.

In the first place, then, the *Bocage* is not a translation of the *Ars Amatoria* because it does not follow the Ovidian order. Passages are chosen from the three books of the *Ars Amatoria* and placed in the *Bocage* without any apparent idea of continuity. This system works perfectly for Le Loyer since the *Ars Amatoria* has no logical idea of progress and its various component parts can be arranged in a different manner without doing injury to the work as a whole. Le Loyer, therefore, begins and ends his poem in a way that is reminiscent of the beginning and end of the *Ars Amatoria*, but the intervening material of the *Bocage* has been picked and chosen without any visible plan. Though the first two books of the *Ars Amatoria* are employed most frequently by Le Loyer, there is an occasional quotation in the *Bocage* which is based on th third book of Ovid's manual for lovers. Also, there are some lines in the French poem that are especially reminiscent of the *Amores*, that youthful and rather flippant collection of elegies dedicated by Ovid to his lady, Corinna.

Not only has Le Loyer juggled the contents and changed the order of the *Ars Amatoria*; he has omitted a great deal of the substance of the Latin work. This is particularly true with regard to the legends that Ovid has put in his poem. Ovid usually supports his principles with the tales of some god's or mortal's adventure in the midst of a situation similar to the one under discussion. For example, to show that a husband should not try to keep too close a check on his wife's fidelity, he tells the story of Mars, Venus, and Vulcan. This legend is omitted from the *Bocage de l'Art d'Aimer*, even as are many other famous ones that come from the *Ars Amatoria*—the rape of the Sabine women, the story of Bacchus and Ariadne, the legend of Pasiphae and the Bull, and the notable history of Procris and Cephalus which is told so well in the third book of the *Ars Amatoria*. Le Loyer usually states his principle but does not illustrate it. The sole Ovidian tale from the *Ars Amatoria* to be found in the *Bocage* is that of Achilles and Deidamia (*Ars. Am.*, I, 679-702). Le Loyer has devoted eight stanzas to the retelling of this legend (quatrains XXXII-XXXIX of the second book of the *Bocage*). Nevertheless, Le Loyer spends time and space on other stories, none of which is Ovidian. He repeats at some length the history of Candaule and Gyges, the story of Hercules and Omphale, and mentions several of Ariosto's men and women. It is quite evident that Le Loyer was not loyal enough to the *Ars Amatoria* to include in his *Bocage* all of the stories in Ovid's book and to exclude any others that he might admire or feel inclined to use as illustrations. Such an attitude makes it difficult to trace to their origins many statements in the *Bocage*. Le Loyer quoted from Horace almost as readily as he did from Ovid.

The final feature of the *Bocage de l'Art d'Aimer* that distinguishes it from the *Ars Amatoria* is the fact that the French poem omits the whole third book of the *Ars Amatoria*. There are, of course, certain detached statements from this portion of Ovid's document in the *Bocage,* but the essence of this third book is lacking. Ovid would have us believe that he sought to atone for the unbalanced amount of amorous information he had given men in the first two books of the *Ars Amatoria*; he as a consequence composed an additional book which was supposed to place his feminine readers on a par with men in regard to their training in matters of love. In the *Bocage* of Le Loyer there is no formal advice to women.

Why did Le Loyer feel disposed to ignore the last division of the *Ars Amatoria?* This third book of Ovid's work is certainly as attractive as any of the rest of it. Ovid has shown that he is just as skilled, if not more so, in counseling the ladies as he is in advising the men. He reflects in this last book of the *Ars Amatoria* the same mock seriousness and brilliance of style that characterizes the first two divisions. It seems very probable that Le Loyer ignored this third part of the *Ars Amatoria* on purpose. He was evidently trying to avoid the ear-marks of a direct translation of the *Ars Amatoria* and one of the easiest ways to do this was to limit the scope of the *Bocage* by omitting any advice to women. The French poet undoubtedly wanted his composition to appear to be as original as possible and hoped that it would not show too many traces of its origin. He had many illustrious examples of literary pillaging in the works of Renaissance writers whom he most admired.* It would seem to be a legitimate assumption, therefore, that Le Loyer left the third book of the *Ars Amatoria* out of his *Bocage de l'Art d'Aimer* in order for his poem to appear to be more of his own compo-

---

* Du Bellay in the first poem of the *Regrets*— a dedication to *Monsieur D'Avanson, conseillier du Roy*—has based eighteen stanzas on Ovid's *Tristia,* IV, i, 1-44. These stanzas are the opening verses of the poem. Du Bellay makes not the slightest acknowledgement to Ovid for his borrowing.

sition than it would otherwise have been considered. He wanted it to avoid being too definitely a copy of its classical model. He succeeded rather well in this conscious gesture of blurring his original source.

However, in spite of the fact that the *Bocage de l'Art d'Aimer* is not a formal translation of the *Ars Amatoria*, Le Loyer's poem is doubtless the most accurate re-incarnation of the spirit of Ovid to be discovered in the writings of the French Renaissance. Le Loyer gives further support to the theory of the *Pléiade* that the classics should not be copied in blind literalness. The *Bocage de l'Art d'Aimer* has the same detached humor and the same smoothness of style that one finds in the *Ars Amatoria*. Le Loyer tends to add more erotic detail than is to be seen in Ovid's work, but he, even as did Ovid, was writing in mock seriousness. At any rate, the other translations of Ovid's works during the sixteenth century seem wooden and lifeless when they are compared with the *Bocage de l'Art d'Aimer* of Pierre Le Loyer.

Le Loyer was especially suited to revive the amorous spirit of Ovid for the French Renaissance. In his youth, before his erudition led him into strange studies of demons and fantastic etymologies, he produced some light verse that is unquestionably good. The 1579 edition of his works, which is our most complete collection of his poetry, contains many things that are comparable to the lyric efforts of Ronsard. These *meslanges poétiques* of the 1579 edition show that Le Loyer is already becoming erudite; he quotes from the classical authors freely and seems to be thoroughly acquainted with the legends of pagan mythology. But at this period of his life Le Loyer was primarily interested in singing of *love*. In his dedication of the book to Monseigneur de la Valette, he says that Love is to be his subject, a subject that had been previously treated by the Greek lyric poets and by the poets in the age of Augustus Caesar. Le Loyer admittedly carries out his program in the first division of his poems, *Les Amours de Flore*. This collection is made up chiefly of sonnets, with an occasional *chanson* and one *élégie*, and is most vigorous in its praise of the lady to whom it is dedicated. It seems to be more real in its outspoken expression of carnal admiration than any other similar group of poems during the period—with the possibile exception of some of the sonnets of Louise Labé. In addition to such a display of apparent sincererity of feeling, *Les Amours de Flore* possess also a marked facility and neatness of structure. It is hard to see why they have fallen into the obsecurity that has been their lot. They possess a great deal of variety. For example, sonnet X, which beings *Vivons, ma Flore, & nous aimons tousiours* is something of a paraphrase of Catullus' *Let us live and love, Lesbia mine*. It is deftly turned. Sonnet XXXII upbraids a bee for visiting his lady, Flore, too frequently. Sonnet XLII is especially rich in Ovid's vocabulary of love.* Sonnet LIII expresses regret that a thorn has penetrated Flore's foot, and also refers to the legend of Apollo and Daphne. Sonnet LXXIIII upbraids certain fleas that have dared to touch Flore. The most earthly of Le Loyer's poetry, though, is to be noted in a group of poems entitled *Les Folatries*, which form also one of the divisions of this 1579 edition. Here Le Loyer gives expression to very flagrant carnalism.

A strange feature of Le Loyer's career, however, is that, despite the fact that he was so much in contact with the

---

* This sonnet begins:
    Et quoy? seray-ie ainsi sans *guerir* tourmenté?
    Sera doncques ma *fllame* & ma *peine* eternelle?
    Ne me reste-t-il rien pour mon secours fidelle,
    Que de mourir aux piedz d'une fiere beauté?
    Ah *playe sans remede!* ah brasier indomté!...

earth, he was considered to be a *platonist*. But the platonism of Le Loyer never rose very far from the ground; he never reflects in his poetry any exalted or mystical sentiments. His concept of Plato's philosophy of love never took him into any metaphysical conceptions. In the beginning of the 1579 edition are two sonnets dedicated to Le Loyer by one Monsieur de Belle-forest; one of these has the following lines about the platonism of Le Loyer:

> Tu nous traces des vers avec ton Platonisme
> Ressentans les douceurs d'un sucrin Erotisme
> Et gravement riant, follastrer tu nous fais.

It was a common practice among a number of poets of the Renaissance to mix Plato's teachings in with carnalism and eroticism. This was true in the case of certain of the poets of the Lyonnaise group, in particular Louise Labé and Pernette du Guillet. Le Loyer, too, is far from understanding the mysticism of platonic love. He is much more in tune with Ovid's mundane concept of life. Yet Le Loyer was a great admirer of Plato; in the dedication of his book to Monsieur de Minut, he pays his respects to Plato, *le prince des philosophes,* and a prime authority on questions of love. Le Loyer's dual admiration for Plato and Ovid is an unusual phenomenon but not totally unexpected during this period. Many very earthly ideas in the sixteenth century hid themselves under a thin veneer of something that was called platonism.

However, the real model among the classical authors for the youthful Le Loyer is the youthful Ovid. Le Loyer never understood Plato but he could comprehend Ovid—and that is why the *Bocage de l'Art d'Aimer* is more Ovidian than any other single composition, translation, or adaptation during the Renaissance in France.

NOTES

[1] Quatrains I-II—For these verses, compare *Ars Amatoria*, I, 1-4:
Siquis in hoc artem populo non novit amandi,
Hoc legat et lecto carmine doctus amet.
Arte citae veloque rates remoque moventur,
Arte levis currus. Arte regendus Amor.

[2] Quatrain III—This stanza seems to be an adaptation of *Ars Amatoria*, I, 9-10:
Ille quidem ferus est et qui mihi saepe repugnet,
Sed puer est, aetas mollis et apta regi.
Ovid speaks of himself as having been appointed by Venus to be the master of Cupid. Le Loyer has omitted the Ovidian reference to Tiphys, the master of the Argo, and to the charioteer, Automedon.

[3] Quatrain IV—An apparent borrowing from *Ars Amatoria*, I, 35-38:
Principio, quod amare velis, reperire labora,
Qui nova nunc primum miles in arma venis.
Proximus huic labor est placitam exorare puellam;
Tertius, ut longo tempore duret amor.
The French verses, though, are not very close to the Latin.

[4] Quatrain V—We find here a condensation of the advice in *Ars Amatoria*, I, 41-170, where Ovid tells of the value of promenades, the forum, the theater, the race-course as places for seeking the ladies. Ovid tells here of the legend of the rape of the Sabine women. Le Loyer uses some of the details of this portion of the *Ars Amatoria* in later verses.

[5] Quatrains VI-VII—In *Ars Amatoria*, I, 503-522, Ovid speaks of the proper care a lover should give to his personal appearance. However, Ovid is no authority for Le Loyer's intimation in these quatrains that a handsome exterior will take the place of brains. Ovid, in fact, says just the contrary in *Ars Amatoria*, II, 109-145, where he gives Ulysses as an example of a man who charmed the ladies with the cleverness of his speech, though he lacked elegance of appearance.
Socrates is not mentioned in the *Ars Amatoria*

[6] Quatrains VIII-XI—A list of accomplishments expected of a Renaissance gentleman. Ovid is not nearly so inclusive in his demands upon the lover. The Latin poet doubts the value of verses in wooing (*Ars Amatoria*, II, 273 ff.); a more substantial present is preferred by most damsels. A reference to music (singing) is found in *Ars Amatoria*, II, 506. The *Lut Cynthien* (X) is the lyre of Apollo; the god touches a golden lyre in *Ars Amatoria*, II, 493 ff. while he gives suggestions to Ovid. The *Lut trouvé par le Cylenien* (X) refers to the lyre first made by Mercury from the shell of a tortoise. Horsemanship and jousting (XI) are completely ignored by Ovid.
These quatrains have no counterparts in the *Ars Amatoria*.

⁷ Quatrains XII-XVII—Explicit advice on the manner of speech to be followed by the aspiring lover. These quatrains, if they are based on the *Ars Amatoria*, show an amplification of Ovidian material—one of the few instances of such a procedure in Le Loyer's poem. The French poet for these verses may have been inspired by *Ars Amatoria*, I, 461-466, where Ovid speaks of the proper language to be used in letters. Ulysses, the clever speaker, has already been mentioned. The reference to Amadis (XII) indicates that Le Loyer appreciated the Spanish romances of chivalry. The last two verses of quatrain XVI seems to state Horace's golden mean. All of these stanzas appear too extended to have any definite Ovidian source.

⁸ Quatrains XVIII-XXI—More specific in details than any similar passage in the *Ars Amatoria*, though some portions of the advice found in the early lines of the first book of the *Ars* are employed by Le Loyer. Ovid rules the matrons and chaste young girls out of his discussion (*Ars Amatoria*, I, 31-32). However, he rather assumes that his pupil will prefer *puellas* (Ante frequens quo sit disce puella loco—*Ars Amatoria*, I, 50; see also *Ars Amatoria*, I, 61-62) and indicates the most likely places to find them. Ovid, though, is not so erotic in his treatment of youthful feminine charms as is Le Loyer in the above quatrains. As for the *widow* (XIX), she is not mentioned in Ovid's work.

These quatrains have little direct connection with the *Ars Amatoria*.

⁹ Quatrains XXII-XXIIII—Compare *Ars Amatoria*, I, 65-66; also, in *Ars Amatoria*, II, 675-702, Ovid points out that the amorous knowledge of the mature woman is not to be despised. Again, however, these verses from the *Bocage* are no translations of the above passage in the *Ars Amatoria*.

¹⁰ Quatrain XXV—The first two verses of this stanza are similar to Ovid's advice for the races in *Ars Amatoria*, I, 139-140; the suggestion in the last two lines—that the lover offer his knees as a stool for his lady—is not from the *Ars*. Ovid does suggest, though, that a little stool be put under her feet (*Ars Am.*, I, 161-162).

¹¹ Quatrain XXVI—For the detail of the dust on the lady's dress, compare *Ars Am.*, I, 149-151:
    Utque fit, in gremium pulvis si forte puellae
      Deciderit digitis excutiendus erit,
    Et si nullus erit pulvis, tamen excute nullum.

¹² Quatrains XXVII-XXXIII—A series of suggestions not to be found in the *Ars Amatoria*. Although Ovid gives in *Ars Am.*, II, 197-250 a number of ideas for the types of service that one can render ones lady, they are not included in the above category. Le Loyer uses this Ovidian

advice further on in his poem. Incidentally, Ovid would scarcely have included in his manual such an episode as is found in quatrain XXX.

[13] Quatrains XXXIIII-XXXV—For the first of these quatrains, compare *Ars Am.*, I, 657-660:
Et lacrimae prosunt; lacrimis adamanta movebis
  Fac madidas videat, si potes, illa genas;
Si lacrimae (neque enim veniunt in tempore semper)
  Deficient, uncta lumina tange manu.
QuatrainXXXV is an addition to Ovid's advice on pretended tears. There are no onions in the *Ars Amatoria*.

[14] Quatrains XXXVI-XLI—The material is these verses has no basis in the *Ars Amatoria*. Note, however, quatrain XL, which is full of Ovid's specialized vocabulary of love. The *Ars Amatoria* and *Remedia Amoris* continually speak of the amorous passion as being a *fire* (*ignis*, *Ars Amatoria*, I, 244; *flamma*, *Ars Am.*, I, 80) or as being a *wound* (*vulnus*, *Ars Am.*, I, 257; *Remedia Amoris*, 44): or as being a *curable wound* (*sanabile vulnus, Remedia Amoris*, 109). This terminology, which has become the common property of poets since the time of Ovid, was used extensively by the versifiers of the sixteenth century.

[15] Quatrain XLII-XLIIII—Compare *Ars Am.*, I, 629-634:
Nec timide promitte; trahunt promissa puellas;
  Pollicito testes quoslibet adde deos.
Iuppiter ex alto periuria ridet amantum
  Et iubet Aeolios inrita ferre Notos.
Per Styga Iunoni falsum iurare solebat
  Iuppiter; exemplo nunc favet ipse suo.
Jupiter's philanderings are amply chronicled in the writings of Ovid. The *Metamorphoses* are particularly full of the amorous escapades of the king of the gods.

[16] Quatrain XLV—Compare Menander, *The Girl from Samos*, 387-410, where Demeas, a bachelor, explains to his neighbor, Niceratus, some of the treacherous philanderings of Zeus. There are so many lacunae in the Menander text (the whole first act of *The Girl from Samos* is missing) that any exact parallel for Le Loyer's quatrain evades discovery. Possibly Le Loyer had no definite passage from Menander in mind.

[17] Quatrains XLVI-LV—A whole series of verses that have no counterparts in the *Ars Amatoria*. This type of indirect conversation between the lover and his lady in these quatrains is another individual device of Le Loyer.

[18] Quatrains LVI-LX—Compare *Ars Am.*, I, 351-396. Ovid gives extensive advice about the use of the lady's servant in affairs of love. However, as for the seduction of the servant, Ovid does not recommend it heartily |*Ars Am.*, 'I, 375 ff.); at least, it should be secondary. Le Loyer (LVII) thinks that the servant's seduction will insure her co-

operation in approaching the mistress. Quatrains LIX and LX retell the substance of *Ars Am.*, I, 365-375. However, Ovid speaks of a *rival* instead of a husband. He could scarcely do otherwise, since in the beginning of the *Ars Amatoria* he pointed out that his instruction was not for young girls and matrons.

It should be mentioned that after quatrain LVIII we have three additional verses in the 1579 edition:

LXI

Et de toy mesme autant que toy soigneuse,
 Elle sçaura choisir l'occasion
 De luy comter ta griefve passion,
En la voyant plus gaillarde, & ioyeuse.

LXII

"Car lors l'amie à prendre est bien facile,
"Quand son esprit n'est attaint de soucy,
"Ains tout dispos s'esgaye tout ainsi,
"Comme le bled dedans un champ fertille.

LXIII

Contre les Grecs tousiours resista Troye
 Tant qu'une crainte, & tristesse la prit,
 Et non plus tost les feux elle souffrit,
Qu'elle feut prise, & de vin, & de ioye.

These verses come directly from *Ars Am.*, I, 357-364:

Illa leget tempus (medici quoque tempora servant),
 Quo facilis dominae mens sit et apta capi.
Mens erit apta capi tum, cum laetissima rerum
 Ut seges in pingui luxuriabit humo;
Pectora dum gaudent nec sunt adstricta dolore,
 Ipsa patent; blanda tum subit arte Venus.
Tum, cum tristis erat, defensa est Ilios armis;
 Militibus gravidum laeta recepit equum.

It looks as though Le Loyer in the second edition of his *Bocage* felt that he should adhere a little closer to Ovid's Latin. Consequently, he includes here three stanzas which are a strict copy of a passage in the *Ars Amatoria*.

[19] Quatrains LXI-LXVII—These verses depicting the ravages of jealousy take their substance from the *Ars Amatoria*. The vengeance of Clytemnestra on Agamemnon (*le plus vieil Atride* of quatrain LXIIII) and the slaughters of Medea are mentioned in *Ars. Am.*, I, 333-336:
 Qui Martem terra, Neptunum effugit in undis,
  Coniugis Atrides victima dira fuit.
 Cui non defleta est Ephyraeae flamma Creüsae
  Et nece natorum sanguinulenta parens?

The sublime rage which may seize a jealous woman (quatrain LXII), however, finds it prototype in *Ars Am.*, II, 373-380:
    Sed neque fulvus aper media tam saevus in ira est,
      Fulmineo rabidos cum rotat ore canes,
    Nec lea, cum catulis lactantibus ubera praebet,
      Nec brevis ignaro vipera laesa pede,
    Femina quam socii deprensa paelice lecti
      Ardet et in vultu pignora mentis habet;
    In ferrum flammasque ruit positoque decore
      Fertur, ut Aonii cornibus icta dei.
Ovid's passage is fuller in that it contains comparisons of a woman scorned to a lioness, a viper, etc.

We find further mention of Medea (quatrain LXIII) in *Ars Am.*, II, 381-382:
    Coniugis admissum violataque iura marita est
      Barbara per natos Phasias ulta suos; ...
Clytemnestra and Agamemnon are described more fully in *Ars Am.*, II, 399-408—which lines form the substance of quatrains LXIIII-LXVI:
    Dum fuit Atrides una contentus, et illa
      Casta fuit; vitio est improba facta viri.
    Audierat laurumque manu vittasque ferentem
      Pro nata Chrysen non valuisse sua;
    Audierat, Lyrnesi, tuos, abducta, dolores
      Bellaque per turpis longius isse moras.
    Haec tamen audierat; Priameida viderat ipsa
      (Victor erat praedae praeda pudenda suae);
    Inde Thyestiaden animo thalamoque recepit
      Et male peccantem Tyndaris ulta virum.
Note that in these three quatrains Le Loyer has stayed very close to the Ovidian order. This is one of his most direct pieces of translation.

[20] Quatrain LXVIII—Compare *Ars Am.*, I, 453-456:
    Ergo eat et blandis peraretur littera verbis
      Exploretque animos primaque temptet iter;
    Littera Cydippen pomo parlata fefellit,
      Insciaque est verbis capta puella suis.
Acontius wrote on an apple an oath pledging Cydippe to him. She read the inscription thoughtlessly and was pledged. See Ovid's *Heroides*, XX and XXI.

[21] Quatrain LXIX—Extensive advice on letter writing is to be found in *Ars Am.*, I, 435-484. For this quatrain, compare *Ars Am.*, I, 464-466:
    Saepe valens odii littera causa fuit.
    Sit tibi credibilis sermo consuetaque verba,
      Blanda tamen, praesens ut videare loqui.

[22] Quatrain LXX—Compare *Ars Amatoria*, I, 467-468:
    Si non accipiet scriptum inlectumque remittet,
      Lecturam spera propositumque tene.

23 Quatrain LXXI—Compare *Ars Amatoria*, I, 477-479:
  Legerit et nolit rescribere, cogere noli.
  Tu modo blanditias fac legat usque tuas.
  Quae voluit legisse, volet rescribere lectis:...
Le Loyer has simply copied Ovid's Latin verses in order to make this quatrain.

24 Quatrains LXXII-LXXIIII—These lines are evidently inspired by *Ars Am.*, III, 525 ff., where Ovid advises the ladies to demand of their suitors the things that they can give: verses, for example, (and not much else) should be expected from poets. For the above verses, compare especially *Ars Amatoria*, II, 533-538:
  Carmina qui facimus, mittamus carmina tantum;
    Hic chorus ante alios aptus amare sumus;
  Non facimus placitae late praeconia formae;
    Nomen habet Nemesis, Cynthia nomen habet;
  Vesper et Eoae novere Lycorida terrae,
    Et multi, quae sit nostra Corinna, rogant.
In Le Loyer's poem, Lycoris, the well-beloved of Gallus, is replaced by Catullus' Lesbia.

25 Quatrains LXXV-LXXIX—Ovid speaks of the giving of presents in *Ars Am.*, I, 415 ff. and *Ars Am.*, II, 261 ff. Le Loyer adds additional details, and quatrain LXXVII is based closely on *Ars Am.*, II, 263-266:
  Dum bene dives ager, dum rami pondere nutant,
    Adferat in calatho rustica dona puer;
  Rure suburbano poteris tibi dicere missa,
    Illa vel in sacra sint licet empta via;
Quatrain LXXVI comes from *Ars Am.*, III, 652-653:
  Munera, crede mihi, capiunt hominesque deosque:
    Placatur donis Iuppiter ipse datis.

26 Quatrains LXXX-LXXXII—Ovid bewails the power of Gold in *Ars Am.*, II, 275-278:

  Carmina laudantur, sed munera magna petuntur;
    Dummodo sit dives, barbarus ipse placet.
  Aurea sunt vere nunc saecula; plurimus auro
    Venit honos, auro conciliatur amor;...

Note that quatrain LXXXI is rather a translation of the last two of these Latin verses; however, quatrains LXXX and LXXXII are not very close to Ovid.

27 Quatrain LXXXIII—We find here an allusion to the legend of Danae, who was visited by Jupiter in the form of a golden shower. The story is mentioned frequently in the works of Ovid but is never completely told.

[28] Quatrains LXXXIIII-LXXXV—These verses bear a resemblance to *Ars Amatoria*, I, 419-422:
>Institor ad dominam veniet discinctus emacem
>>Expedient merces teque sedente suas,
>Quos illa inspicias, sapere ut videare, rogabit
>>Oscula deinde dabit; deinde rogabit emas.

I have not found the equivalent in Ovid of the last two lines of quatrain LXXXV. The quotation marks indicate a direct borrowing but not necessarily from the *Ars Amatoria*. Note in quatrain C that Le Loyer has taken two verses from Ovid's *Amores*.

[29] Quatrains LXXXVI-LXXXVII—Compare *Ars Am.*, I, 431-432 for the first of these stanzas:
>Multa rogant utenda dari, data reddere nolunt;
>Perdis, et in dampno gratia nulla tuo.

Quatrain LXXXVII is not connected directly, though, with the *Ars Amatoria*.

[30] Quatrains LXXXVIII-XCI—We find here additional verses on the material of *Ars Amatoria*, II, 275 ff. Note how quatrain LXXXX attaches itself to *Ars Amatoria*, II, 279-280:
>Ipse licet venias Musis comitatus, Homere,
>>Si nihil attuleris, ibis, Homere, foras.

Quatrain LXXXVIII undoubtedly has a connection with Ovid's *Amores*, I, viii, 57-58:
>Ecce, quid iste tuus prater nova carmina vates
>>donat? amatoris milia multa leges...

[31] Quatrains XCII-XCIIII—These stanzas link themselves with *Ars Amatoria*, I, 467 ff. For XCIII, compare *Ars Am.*, I, 469-470:
>Tempora difficiles veniunt ad aratra iuvenci
>>Tempore dura pati frena equi;...

For quatrain XCIIII, compare *Ars Am.*, I, 473-474:
>Quid magis est saxo durum, quid mollius unda?
>>Dura tamen molli saxa cavantur aqua.

Ovid is fond of the figure of the bull and his taming; it occurs many times in the *Ars Amatoria* (cp. *Ars Am.*, I, 19-20).

[32] Quatrains XCV-XCVI—A continuation of the discussion concerning words (letters) as compared with gifts.

[33] Quatrains XCVII-XCIX—Although these verses treat of general themes that are to be found in Ovid, they have no distinct counterparts in the *Ars Amatoria*.

[34] Quatrain C— For the last two verses of this quatrain, compare Ovid's *Amores*, I, viii, 43:
>....casta est, quam nemo rogavit—..

Le Loyer obviously used the *Heroides* and *Amores* as well as the *Ars Amatoria* as source material for his *Bocage*.

35 Quatrains CI- CXIII—Le Loyer found a great deal of the material of these quatrains in Ovid, who spoke freely on love philters. Dipsas in the *Amores* was accomplished in their use. The above verses, however, find their prime source in *Ars Amatoria*, II, 99-106:
>Fallitur, Haemonias siquis decurrit ad artes
>   Datque quod a teneri fronte revellit equi;
>Non facient, ut vivat amor, Medeides herbae
>   Mixtaque cum magicis naenia Marsa sonis;
>Phasias Aesoniden, Circe tenuisset Ulixem,
>   Si modo servari carmine posset amor;
>Nec data profuerint palentia philtra puellis;
>   Philtra nocent animis vimque furoris habent.

Le Loyer is more elaborate in his treatment of love philters than is Ovid. Ovid mentions certain potions for men in *Ars Am.*, II, 415 ff. Compare *Remedia Amoris*, *249 ff.* for further remarks on the futility of potions.

36 Quatrains CXIIII-CXVIII—Ovid does not speak of the crime of intoxicating a lady for amorous purposes, though he does advise both sexes to be temperate in drinking (advice to men, *Ars Am.*, I, 587 ff.; advice to women, *Ars Am.*, III, 761 ff.). Le Loyer may have gleaned his idea from this second passage, where Ovid says that a drunken woman is an easy prey. In the *Remedia Amoris*, 803-810, Ovid points out again that temperate drinking is an asset to love. Therefore, to avoid love, one must not drink at all or one must become completely intoxicated.

The words *hameçon* (quatrain CXVIII) is a favorite with Ovid (*hamus*); fishing terms occur frequently throughout the *Ars Amatoria*.

37 Quatrains CXIX-CXXIII—Le Loyer cannot condemn philters sufficiently. He introduces here more modern comparisons, including personages from Aroisto's *Orlando furioso*.

38 Quatrains CXXIIII-CXXV—Le Loyer's nautical terminology in the ending of this book of the *Bocage* is a bit more ornate than the conclusion of the first book of the *Ars Amatoria*, where the same sort of language is in evidence:
>Pars superat coepti, pars est exhausta laboris;
>   Hic teneat nostras ancora iacta rates.
>
>   (*Ars Am.*, I, 769-770)

In the 1579 edition of the *Bocage*, quatrains CXXIIII and CXXV are replaced by a single stanza:
>Mais en ce lieu j'arreste ma nacelle,
>En iettant l'Ancre au milieu de la Mer,
>A celle fin de pouvoir mieux ramer
>Pour decouvrir une plage nouvelle.

The above two quatrains in the 1579 edition are used to terminate the second book of the *Bocage*.

38a The Eglantine was the symbol of a prize for poetry at the Jeux-Floraux of Toulouse. These competitions were still in vogue in the sixteenth century. See J. C. Dawson, *Toulouse in the Renaissance* (New York, Columbia University Press, 1923). In the beginning of the Jeux-Floraux, a single prize—the Violet, in gold—was offered. Later the Eglantine and Marigold were added; both of these prizes were in silver.

Dawson's suggestion (*op. cit.*, pages 83, footnote) that the *Bocage* of Le Loyer might have been written *prior* to his winning a prize at Toulouse is obviously incorrect in view of Quatrain IX.

39 Quatrains I-XIIII—Le Loyer is original in his rather effective description of his youthful patronage by Venus and Cupid. Ovid indulges in no such extensive preamble to the second book of the *Ars Amatoria*, though he does call on Venus and Cupid for assistance:
Nunc mihi, siquando, puer et Cytherea, favete,...
(*Ars Am.*, II, 15)
Le Loyer in quatrain XI speaks of his training both for law and poetry—a training quite common during the Renaissance. Ovid, too, had had a legal education. Quatrain XIIII shows the effects of Ovid's nautical terminology. Some of it is present in the early verses of the second book of the *Ars Amatoria* (verses 9 and 10). However, these opening quatrains are not attached in many particulars to Ovid's work. The first verse of quatrain XI seems as though it ought to belong in the *Ars Amatoria*, but I have not been able to find it.

40 Quatrains XV-XX—A passage more Italianate than Ovidian in content, reminiscent of the dialogues of Aretino with an admixture of the *Basia* of John the Second. In quatrain XVI, in fact, Le Loyer goes almost contrary to Ovid's ideas on expensive gifts. Ovid thinks that any woman can be won by gold (*Ars Am.*, II, 161 ff.); Le Loyer speaks of additional processes.
Quatrain XX is based on *Ars Am.*, I, 667-668:
Oscula qui sumpsit, si non et cetera sumpsit,
Haec quoque, quae data sunt, perdere dignus erit.

41 Quatrains XXI-XXIII—Here we find an elaboration of *Ars Am.*, II, 177-178:
Si nec blanda satis nec erit tibi cimis amanti,
Perfer et obdura. Postmodo mitis erit.

42 Quatrains XXIIII-XXV—These comparisons are similar to some in the *Ars Amatoria*, but are not identical.

43 Quatrains XXVI-XXIX—These verses are based on *Ars Am.*, I, 671-678:
Vim licet appelles, grata est vis ista puellis;
Quod iuvat, invitae saepe dedisse volunt.
Quaecumque est Veneris subita violata rapina,

Gaudet et inprobitas muneris istar habet;
At quae cum posset cogi, non tacta recessit,
Ut simulet vultu gaudia, tristis erit.
Vim passa est Phoebe, vis est allata sorori;
Et gratus raptae raptor uterque fuit.

[44] Quatrains XXX-XXXI—For the legend of Thetis and Peleus, see Ovid, *Metamorphoses*, II, 221-265 and Catullus, LXIV. This poem of Catullus' is possibly the most famous treatment of the story.

[45] Quatrains XXXII-XXXIX—These stanzas from the sole Ovidian tale which is completely retold by Le Loyer. This story, illustrating a maiden's pleasure in being ravished against her will, is related in *Ars Am.*, I, 679-702:

Fabula nota quidem, sed non indigna referri
Scyrias Haemonio iuncta puella viro.
Iam dea laudatae dederat mala praemia formae
Colle sub Idaeo vincere digna duas;
Iam nurus ad Priamum diverso venerat orbe,
Graiaque in Iliacis moenibus uxor erat;
Iurabant omnes in laesi verba mariti;
Nam dolor unius publica causa fuit;
(Turpe! nisi hoc matris precibus tribuisset) Achilles
Veste virum longa dissimulatus erat.
Quid facis, Aeacide? non sunt tua munera lanae;
Tu titulos alia Palladis arte petas.
Quid tibi cum calathis? clipeo manus apta ferendo est.
Pensa quid in dextra, qua cadet Hector, habes?
Reice succinctos operoso stamine fusos;
Quassanda est ista Pelias hasta manu.
Forte erat in thalamo virgo regalis eodem;
Haec illum stupro conperit esse virum.
Viribus illa quidem victa est (ita credere oportet),
Sed voluit vinci viribus illa tamen.
Saepe "mane" dixit, cum iam properaret Achilles;
Fortia nam posito sumpserat arma colo.
Vis ubi nunc illa est? quid blanda voce moraris
Auctorem stupri, Deidamia, tui?

[46] Quatrains XL-XLI—I have been unable to find the original of these quotations.

[47] Quatrain XLII—Compare Horace, *Epistles*, I, ii, 40:
Dimidium facti qui coepit habet; ...

[48] Quatrains XLIII-XLV—These stanzas have no counterparts in the *Ars Amatoria*.

[49] Quatrains XLVI-XLVII—An adaptation, apparently, of *Ars Am.*, II, 11-14:
> Non satis est venisse tibi me vate puellam;
>   Arte mea capta est, arte tenenda mea est.
> Nec minor est virtus, quam quaerere, parta tueri;
>   Casus inest illic, hoc erit artis opus.

[50] Quatrains XLVIII-LIIII—Le Loyer has used as a basis for these quatrains *Ars Amatoria*, II, 601-640. However, he has in no sense translated literally the Ovidian material. The idea has been transferred but the details are different. Ovid makes no reference, for example, to a school boy and his lack of discretion.

Quatrains LIII and LIIII seem to link themselves, though, with *Ars Amatoria*, I, 738-740:
> Nomen amicitia est, nomen inane fides.
> Ei mihi! non tutum est, quod ames, laudare sodali.
>   Cum tibi laudanti credidit, ipse subit.

Le Loyer uses the full passage of which these verses here are the beginning, for the basis of some of his later stanzas.

[51] Quatrains LV-LVI—Candaules was slain by Gyges, a giant who derived magic powers from a ring. The legend does not come from Ovid.

[52] Quatrain LVII—This stanza is a translation of *Ars Am.*, I, 747-748:
> Nil nisi turpe iuvat: curae sua cuique voluptas;
> Haec quoque ab alterius grata dolore venit.

[53] Quatrains LVIII-LXII—This impassioned outburst on the futility of friendship comes from the first book of the *Ars Amatoria* (verses 738 to 752):
> Nomen amicitia est, nomen inane fides.
> Ei mihi! non tutum est, quod ames, laudare sodali.
>   Cum tibi laudanti credidit, ipse subit.
> "At non Actorides lectum temeravit Achillis;
>   Quantum ad Pirithoüm, Phaedra pudica fuit;
> Hermionam Pylades, qua Pallada Phoebus, amabat,
>   Quodque tibi geminus, Tyndari, Castor, erat."
> Siquis idem sperat, iacturas poma myricas
>   Speret et e medio flumine mella petat!
> Nil insi turpe iuvat: curae Sua cuique voluptas;
>   Haec quoque ab alterius grata dolore venit.
> Heu facinus! non est hostis metuendus amanti;
>   Quos credis fidos, effuge; tutus eris.
> Cognatum fratremque cave carumque sodalem;
>   Praebebit veros haec tibi turba metus.

It is to be noted that the verses of which quatrain LVII are based come from this passage.

⁵⁴ Quatrains LXIII-LXX—Le Loyer continues here following the first book of the *Ars Amatoria* until its end. However, not many of these quatrains are close renditions of the Latin prototype (*Ars Am.*, I, 753-778):
>Finiturus eram; sed sunt diversa puellis
> Pectora; mille animos excipe mille modis.
>Nec tellus eadem parit omnia; vitibus illa
> Convenit, haec oleis; hic bene farra virent.
>Pectoribus mores tot sunt, quot in orbe figurae;
> Qui sapit, innumeris moribus aptus erit,
>Utque leves Proteus modo se tenuabit in undas,
> Nunc leo, nunc arbor, nunc erit hirtus aper.
>Hic iaculo pisces, illic capiuntur ab hamis,
> Hic cava contento retia fune trahunt.
>Nec tibi conveniet cunctos modus unus ad annos;
> Longius insidias cerva videbit anus;
>Si doctus videare rudi petulansve pudenti,
> Diffidet miserae protinus illa sibi.
>Inde fit, ut quae se timuit committere honesto,
> Vilis ad amplexus inferioris eat.

Quatrains LXIIII and LXV are rather exact translations of Latin verses 765 through 768. The comparisons of Le Loyer, however, are unlike those of Ovid.

⁵⁵ Quatrains LXXI-LXXII—This material is not to be found in Ovid's discussion of the lover's personal appearance (*Ars Am.*, I, 503 ff.)

⁵⁶ Quatrains LXXIII-LXXIIII—An adaptation of *Ars Am.*, II, 151-156:
>Este procul, lites et amarae proelia linguae!
> Dulcibus est verbis mollis alendus amor.
>Lite fugent nuptaeque viros nuptasque mariti
> Inque vicem credant res sibi semper agi;
>Hoc decet uxores; dos est uxoria lites.
> Audiat optatos semper amica sonos.

⁵⁷ Quatrains LXXV-LXXVII—This advice concerning the proper attitude to be assumed toward one's rival is founded upon *Ars Am.*, II, 535 ff. Ovid tells in this passage why the errors of the lover's lady should be ignored and illustrates the point with the legend of Mars and Venus—and Vulcan's futile precaution. Le Loyer has made an extensive condensation of material.

⁵⁸ Quatrains LXXVIII-LXXX—Based on *Ars Am.*, II, 445-454:
>Fac timeat de te tepidamque recalface mentem;
> Palleat indicio criminis illa tui.
>O quater et quotiens numero conprendere non est
> Felicem, de quo laesa puella dolet,

> Quae, simul invitas crimen pervenit ad aures,
> Excidit et miserae voxque fugit!
> Ille ego sim, cuius laniet furiosa capillos;
> Ille ego sim, teneras cui petat ungue genas,
> Quem videat lacrimans, quem torvis spectet ocellis,
> Quo sine non possit vivere, posse velit!

Le Loyer has kept close to Ovid in these verses.

[59] Quatrains LXXXI-LXXXVI—These verses have their basis in *Ars Am.*, II, 455-464:

> Si spatium quaeras, breve sit, quod laesa queratur,
> Ne lenta vires colligat ira mora;
> Candida iamdudum cingantur colla lacertis,
> Inque tuos flens est accipienda sinus.
> Oscula da flenti, Veneris da gaudia flenti,
> Pax erit; hoc uno solvitur ira modo.
> Cum bene saevierit, cum certa videbitur hostis,
> Tum pete concubitus foedera; mitis erit;
> Illic depositis habitat Concordia telis,
> Illo, credo mihi, Gratia nata loco est.

Some of Le Loyer's stanzas stray quite a distance from the Latin, especially quatrain LXXXVI.

[60] Quatrains LXXXVII-LXXXVIII—Ovid discusses aphrodisiacs in *Ars Amatoria*, II, 415-424. These verses from the *Bocage*, however, are not translations of this passage from the *Ars Amatoria*, though they use some of Ovid's substance. The *fruict du Pin* in quatrain LXXXVIII seems to go back to *Ars Am.*, II, 424:

> ... Quasque tulit folio pinus acuta nuces.

[61] Quatrains LXXXIX-XCII—We find here the idea of obedience to one's lady as suggested by Ovid in *Ars Amatoria*, II, 179 ff. However, the specific types of service that Ovid says a lover can render his *amie* are not related by Le Loyer.

[62] Quatrains XCIII-XCVII—The legend of Hercules and Omphale is not from the *Ars Amatoria*. Hercules, after having killed his friend, Iphitus, became the slave of Queen Omphale. As such, he lived very effeminately and wore at times female attire—while Omphale was garbed in his lion's skin.

[63] Quatrains XCVIII-XCIX—Again, we find verses based on *Ars Am.*, II, 197 ff. But this particular point of acting as guide to one's lady on a trip into the country is not in the *Ars Amatoria*. Ovid suggested that the lover accompany his lady from a feast if she demands it.

64 Quatrains C-CI—A free translation of Ars Am., II, 229-232:
Rure erit et dicet "venias"; Amor odit inertes;
Si rota defuerit, tu pede carpe viam.
Nec grave te tempus sitiensque Canicula tardet
Nec via per iactas candida facta nives.

65 Quatrains CII-CIIII—An adaptation, and quite a close one, of *Ars Amatoria*, II, 233-238:
Militiae species amor est. Discedite, segnes.
Non sunt haec timidis signa tuenda viris;
Nox et hiemps longaeque viae saevique dolores
Mollibus his castris et labor omnis inest;
Saepe feres imbrem caelesti nube solutum
Frigidus et nuda saepe iacebis humo.

This comparison of love to military service is one of the best known of the *Ars Amatoria*.

66 Quatrains CV-CVII—For this portion, compare *Ars Am.*, II, 243-250:
Si tibi per tutum planumque negabitur ire,
Atque erit opposita ianua fulta sera,
At tu per praeceps tecto delabere aperto;
Det quoque furtivas alta fenestra vias.
Laeta erit et causam tibi se sciet esse pericli;
Hoc dominae certi pignus amoris erit.
Saepe tua poteras, Leandre, carere puella;
Transnabas, animum nosset ut illa tuum.

67 Quatrains CVIII-CXI—These verses continue the idea of obedience to one's lady; however, I have found no counterpart for them in the *Ars Amatoria*.

68 Quatrains CXII-CXIII—Inspired by *Ars Am.*, II, 251-260, but in no sense a translation of this Latin.

69 Quatrains CXIIII-CXVII—These four stanzas come from *Ars Am.*, II, 197-202—a favorite passage with Le Loyer:
Cede repugnanti; cedendo victor abibis;
Fac modo, quas partis illa iubebit agas.
Arguet, arguito; quidquid probat illa, probato;
Quod dicet, dicas; quod negat illa, neges;
Riserit, adride; si flebit, flere memento.
Inponat leges vultibus illa tuis.

70 Quatrains CXVIII-CXX—Adapted from *Ars Am.*, II, 203-208:
Seu ledet numerosque manu factabit eburnos,
Tu male iactato, tu male iacta dato;
Seu iacies talos, victam ne poena sequatur,
Damnosi facito stent tibi saepe canes;
Sive latrocinii sub imagine calculus ibit,
Fac pereat vitreo miles ab hoste tuus.

The games played in the *Ars Amatoria* are not identical with those used by Le Loyer. The terms *Flux* and *Taroc* (quatrain CXIX) concern games of cards.

71 Quatrains CXXI-CXXII—These verses are taken from *Ars Am.*, II, 209-217:
>Ipse tene distenta suis umbracula virgis,
>>Ipse fac in turba, qua venit illa, locum,
>
>Nec dubita tereti scamnum producere lecto
>>Et tenero soleam deme vel adde pedi.
>
>Saepe etiam dominae, quamvis horrebis et ipse,
>>Algenti manus est calfacienda sinu;
>
>Nec tibi turpe puta (quamvis sit turpe, placebit)
>>Ingenua speculum sustinuisse manu.

Note that here Le Loyer has made a slight change in the order of the Ovidian verses. Also, that the details in the French poem have been somewhat altered—Le Loyer has substituted a pair of skates for Ovid's umbrella.

72 Quatrains CXXIII-CXXIX—This whole discussion of dress comes from *Ars Am.*, II, 295-304:
>Sed te, cuicumque est retinendae cura puellae,
>>Attonitum forma fac putet esse sua.
>
>Sive erit in Tyris, Tyrios laudabis amictus;
>>Sive erit in Cois, Coa decere puta.
>
>Aurata est; ipso tibi sit pretiosior auro;
>>Gausapa si sumit, gausapa sumpta proba;
>
>Adstiterit tunicata "moves incendia" clama,
>>Sed timida, caveat frigora, voce roga!
>
>Compositum discrimen erit; discrimina lauda;
>>Torserit igne coman; torte capille, place.

Le Loyer has adapted his imagery rather cleverly to the feminine fashions of his day. Note, however, that quatrain CXXIX is a good rendition of verse 299 of Ovid's Latin.

Le Loyer has, again, changed the order that is found in the *Ars Amatoria*.

73 Quatrains CXXX-CXXXII—These stanzas come from *Ars Am.*, II, 657-662:
>Nominibus mollire licet mala. Fusca vocetur,
>>Nigrior Illyrica cui pice sanguis erit:
>
>Si paeta est, Veneris similis: si flava, Minervae:
>>Sit gracilis, macie quae male viva sua est;
>
>Dic habilem, quaecumque brevis, quae turgida, plenam,
>>Et lateat vitium proximitate boni.

74 Quatrains CXXXIII-CXXXIIII—Le Loyer goes back here for inspiration to *Ars Am.*, II, 311-314:
>Tantum, ne pateas verbis simulator in illis,

Effice nec vultu destrue dicta tuo:
Si latet ars, prodest; adfert deprensa pudorem
Atque adimit merito tempus in omne fidem.

75 Quatrains CXXXV-CXXXVIII—The basis for this advice in *Ars Am.*, H, 107-122:

Sit procul omne nefas! ut ameris, amabilis esto,
Quod tibi non facies solave forma dabit.
Sis licet antiquo Nireus adamatus Homero,
Naiadumque tener crimine raptus Hylas,
Ut dominam teneas nec te mirere relictum,
Ingenii dotes corporis adde bonis.
Forma bonum fragile est, quantumque accedit ad annos,
Fit minor et spatio carpitur ipse suo:
Nec violae semper nec hiantia lilia florent,
Et riget amissa spina relicta rosa;
Et tibi iam venient cani, formose, capilli,
Iam venient rugae, quae tibi corpus arent.
Iam molire animum qui duret et adstrue formae;
Solus ad extremos permanet ille rogos.
Nec levis ingenuas pectus coluisse per artes
Cura sit et linguas edidicisse duas.

76 Quatrains CXXXIX-CXL—Le Loyer adds to the Ovidian suggestion of a knowledge of Greek and Latin, the advice to know Italy. This admiration for Italy was prevalent during the period and constantly crops out in Le Loyer's poem.

77 Quatrains CXLI-CXLII—A condensation of *Ars Am.*, II, 123-144, where Ulysses beguiles Circe and Calypso with tales of Troy. His sketch of the siege of Troy, made on the sands, is washed away by the incoming waves.

78 Quatrain CXLIII—Further admiration for Italy.

79 Quatrains CXLIIII-CXLV—These verses have their origin in *Ars Am.*, II, 349-352:

Cum tibi maior erit fiducia posse requiri,
Cum procul absenti cura futurus eris,
Da requiem; requietus ager bene credita reddit,
Terraque caelestes arida sorbet aquas:....

80 Quatrains CXLVI-CL—Le Loyer found the substance of these quatrains in the second book of the *Ars Amatoria*, where Ovid exonerates Helen of all blame for her faithlessness to Menelaus (verses 357-372):

Sed mora tuta brevis; lentescunt tempore curae,
Vanescitque absens et novus intrat amor.
Dum Menelaus abest, Helene, ne sola iaceret,
Hospitis est tepido nocte recepta sinu.
Quid stupor hic, Menelae, fuit? tu solus abibas;

Isdem sub tectis hospes et uxor erant.
Accipitri timidas credis, furiose, columbas;
　Plenum montano credis ovile lupo.
Nil Helene peccat; nihil hic committit adulter:
　Quod tu, quod faceret quilibet, ille facit.
Cogis adulterium dando tempusque locumque.
　Quid nisi consilio est usa puella tuo?
Quid faciat? Vir abest, et adest non rusticus hospes,
　Et timet in vacuo sola cubare toro.
Viderit Atrides. Helenen ego crimine solvo;
　Usa est humani commoditate viri.

Le Loyer has varied his approach to the story as found in Ovid. Quatrain CL is an added moral and has no foundation in the *Ars Amatoria*. I have not been able to locate in any of Ovid's works an exact parallel for the last verse of this quatrain. Le Loyer may have been quoting again from memory; it is possible that this verse may be just a familiar proverb.

[81] Quatrains CLI-CLIIII—The counterpart of these verses is to be located in *Ars Am.*, II, 319-328:

Illa quidem valeat, sed, si male firma cubabit
　Et vitium caeli senserit aegra sui,
Tunc amor et pietas tua sit manifesta puellae.
　Tum sere, quod plena postmodo falce metas.
Nec tibi morosi veniant fastidia morbi,
　Perque tuas fiant, quae sinet ipsa, manus,
Et videat flentem nec taedeat oscula ferre
　Et sicco lacrimas conbibat ore tuas.
Multa vove, sed cuncta palam, quotiensque libebit,
　Quae referas illi, somnia laeta vide; ...

Le Loyer is more romantic than Ovid in the discussion of one's lady's sickness—compare verses 325 and 326 in the above passage with quatrain CLII. Ovid further on in his treatise (*Ars Am.*, II, 329-330) makes the suggestion that the lover have his lady's sickroom cleaned and fumigated. Le Loyer avoids such sordidness of detail.

[82] Quatrains CLV-CLVI—This conclusion is somewhat similar to the ending of the third book of the *Ars Amatoria*. It is possible that Le Loyer felt that he had ignored this third book of Ovid's manual too completely and that he ought to give it one final consideration.

Ovid speaks of descending from the chariot of Venus:

Lusus habet finem; cygnis descendere tempus,
　Duxerunt collo qui iuga nostra suo.
Ut quondam iuvenes, ita nunc, mea turba, puellae
　Inscribant spoliis "Naso magister erat".

Ovid also invokes Venus in the beginning of the second book of the *Ars Amatoria* (verse 15). The French stanzas, however, are not close enough to either of these passages to be certain borrowings.

www.ingramcontent.com/pod-product-compliance
Lightning Source LLC
Chambersburg PA
CBHW030234240426
43663CB00036B/448